风仪与秋月——德温德拉纳特自述

梵澄译丛·主编 闻中

风仪与秋月
——德温德拉纳特自述

［印］马哈希·德温德拉纳特·泰戈尔 著

潘敬一 译

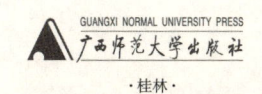

广西师范大学出版社
·桂林·

感谢 T.W. 阿诺德博士和沙玛·香卡尔大师，
他们为当前版本的文字准备工作给予了慷慨且无价的帮助。

总顾问

高世名

顾 问

（以姓氏笔画为序）

王志成

毛世昌

卢勇

乐黛云

孙波

孙向晨

杜伽南达

吴学国

余旭红

张颂仁

高世名

雷子人

主 编

闻中

原序

一

对于某些特定的思考者来说，人类的精神历练总是所有探究中最为诱人的一种；这种历练也是人生诸多无常中最为真实的。当这些思考者被给予机会去触碰到一种人格的过往，他们会无视大部分实用主义者认为是精华是必须拥有的那些事物。转而他们可能会立即去寻求那些秘密的道路痕迹，那些内在成长的灵性法则，正是这些事物，使得自我与永恒世界的联结成为可能。

在马哈希·德温德拉纳特·泰戈尔的生涯里，前文所提到的那类读者会发现一些引人入胜的新篇章。对于极少数真实可靠的灵魂史，这些新篇章则是又一大补充。这本书必将与那些遗留给我们的少数经典传记相比肩，此类经典属于极个别的神秘学者、圣者，例如苏索[①]、盖恩夫人[②]，

[①] Suso，即海因里希·苏索（Heinrich Suso），14 世纪德国神秘主义哲学家、宗教作家，著有《论真理》《永恒的智慧》等。

[②] Madame Guyon，全名为 Jeanne-Marie Bouvier de la Motte-Guyon，17 世纪法国基督教神秘主义者，被认为是生命派和寂静主义的代表人物之一。

甚至是圣德兰修女①，等等。本质上此书理当同类于依纳爵·罗耀拉②的遗嘱和乔治·福克斯③的日记。此书记录了一个精妙混杂的人类的完整一生，此人保有着"时间长河中的永恒生命"，而本书又绝不仅仅是他人生事迹的忠诚记录，不仅仅是他的直觉、冥想和梦幻，而是整个人生中有限和无限的复杂集合、成长与蜕变、灵魂的缓慢演进与升华——这也是当此书以简要目的写就并被专注谦卑地阅读时，能铭刻在读者脑海中的东西。

对于熟悉基督教秘仪的人来说，他们会在这个当代东方圣人的自我实现过程中，再次发现许多独特的经历和信条，而这些经历和信条正是他们在自己精神生活的传统中所深深体会到的特殊欢愉和美好。以精神层面而非物理层面来触及主体的学习者会倾向于认为这种生活更多是一种成长、一种发展和演进，而不是固定的一种状态。这种发展历程经过几个显著标志的阶段而最终达到完整的成熟形态：全身心地、热情无比地投入对永恒趣味的认同中去。这种境界神秘学家常称作"人神同一"。最近这些年，人们同样了解到心理学能为我们或多或少解释那些正常的身心状态，解释交替发生的愉悦启示和内心焦虑，解释连续不断的经历、冲突和调整；而在这一切背后是不断成长的灵魂。现如今我们或许可以观察到一个人的一生——生活在我们的时代而不受任何欧洲神秘主义心理学的影响——但这类人的生平却展

---

① St. Teresa，即艾维拉的圣德·兰修女，又称圣德·兰修女，16世纪西班牙天主教神秘主义者，改革了加尔默罗会，著有《内在城堡》。
② Ignatius Loyola，16世纪西班牙贵族、宗教学者、天主教耶稣会的创始人，是16世纪反宗教改革运动中最具影响力的人物之一，其遗嘱应当指的是晚年灵修著作《神操》。
③ George Fox，17世纪宗教活动家、基督教贵格会创始人，大力提倡在教堂外的场所宣讲传教、激烈抨击社会流弊。

现出与西方历史上的神秘主义者相似而持续的对应关系。在这里我们看见相同的人生轨迹被遵循着；在这里我们发现同样的力量始终获得胜利。即使忽略本作品的其他高光处，此书对于特定的人群亦是极具价值的武器：对于那些希冀明证神秘主义的心理学解读的人；对于那些认为神秘主义修行是一个持续终生、包含万千有机变化的过程、是实际上代表了人类灵魂层面进化的过程的人，因此这些人无论在何处开始，都常常依照相同的道路磨炼修行。

在这里，我们也了解到如何去解读苏菲派①含义深远的箴言，"那些与神同饮的人，不管数量何其多，却都归为一"。尽管东西方的神秘主义神学差异悬殊——尽管东西方对于灵魂的理想境界亦有不同看法——在圣贤们的体悟中这些冲突看上去都被超越了。当神之爱（的境界）达到之时，分歧已然不再可能，因为那些灵魂已经跨越了重重殊途而沉浸到了一元的最终真实中。

在这本自述中，有极少数且原始古朴的事实奠定了整个神秘主义体系中理论和实践的基础，此书作者带着圣人般的热情阐述了它们。灵魂与神圣存在的互相吸引；神被理解为（更多的是被知觉和体验为）灵魂的真正家园与国度、食粮与情人；灵魂的饥渴、孤独与寂寥被认为是俗世生活最基本的事实，而灵魂知道这些痛苦都起源于自身和主的分离。"在无边的财富中我的灵魂饱受苦痛，无法找到您。现在，只要找到您，我就找到了一切"。如同奥古斯丁②在《忏悔录》中

---

① Sufi，伊斯兰教神秘主义流派。
② St. Augustine，基督教早期神学家，出生于公元 4 世纪罗马帝国境内，是基督教早期学说思想的集大成者，著有《忏悔录》《上帝之城》《论自由意志》等；此处引用原文为"Inquietum (est) cor nostrum, donec requiescat in Te"。

以他人口吻诉说的拉丁名言,"我们的心如不安息在你的怀中,便不会安宁";这种感觉,初始于抵触带来的烦闷和剧痛,之后沉浸在放弃抵抗的欢愉中,像是宇宙的磁场将万物都吸引到他们的家园归处。来自诺维奇的朱利安①说,"我们天生就盼望着拥有神,而神的愿望就是拥有我们;这种渴望永不会停歇,直到我们在完满的欢悦中拥有了他"。那种对于永恒生命和永恒爱的觉知不断挤压我们的灵魂,渴望着他,祈求着他;这在基督教徒那里被称为"恩典",同时也是弗兰斯西·汤普森的《天堂猎犬》中使无数从未了解过神学的人所体会熟知的东西——是诸多寓言譬喻(爱的追随、敲门者、找寻迷失者的人、国王与乞讨女)中所体现的铁一般的事实——这些话语如同一道道火一般在文字篇章中穿梭。我们与马哈希感通到神圣存在那不竭的慷慨给予,如同激流冲进卸下防备的灵魂中。这种慷慨启发了梅耶斯特·奥克哈特的大胆言辞,"你们无须在远处呼唤他,等到你们开放怀抱是一件对他来说比对你们自己来说更难的事。相比于你们需要他,他更千万倍需要你们"。所以德温德拉纳特·泰戈尔说道:"我对得到如此之多已然满足,他却不满足于这微末的赏赐。"——这句话仿佛是从圣奥古斯丁②本人的唇齿间闪耀着金光绽放出一样。

我认为在这里,我们发现了这种可能是神秘主义意识最高成就的合论,即融入一种整体、宽广、深邃而热情的知觉中,这种包含个人的、形而上的、超然的和内在的等众多方面的知觉是我们以人类意识触及神性的前提。不完美的神秘学总是倾向于这种或那种实现他们与现实的汇通。他们是绝对论者或泛神论者,一元论者或超验主义者;

---

① Julian of Norwich,14世纪基督教神秘主义者,著有《神圣之爱的启示》。
② 同上文奥古斯丁。

他们对个人爱恋的强烈忧虑使其陷入了对神的拟人化幻想,或是他们的"宇宙意识"剥夺了其与神的所有亲近与甜蜜,并将这些降低为赤裸裸的思维、想法。对于基督教神秘主义者有一种说法,"他们要么是热爱神的,要么是热爱基督的,但很少同时爱两者"。而且在基督教传统的内外,这个指控对许多人来说都毫无疑问是真切的。但那些伟大的精神精英却毫不畏惧地接受了这些对立概念所代表的悖论;因为如果他们内心的深刻体验要找到表达,两者都是必要的。单独的一元论并不能描述他们在心中找到神的事实:因为一种无懈可击的区分对于最亲密的结合之爱来说是至关重要的。另一方面,拟人论只是对这种精神交往的一种模仿;然而,即使是以这种最原始粗犷的形式,这也确实保留了一元论所找不到的真理的一个方面。这事实的整体无法避免地超溢了所有试图包含它的表达方式。因此,那些最伟大的神秘主义者超越并统一了所有这样的描述、所有经验,他们已经在终极现实"自身之中"洞察到了它的真谛;它超出了所有人类思维的范围,尽管从未超出人类爱的范围。诗人卡比尔(Kabir)说,它是"超越无限的东西";埃克哈特描述道,它是"神格的沙漠",它包含了神的所有方面和位格;吕斯布鲁克①试图用结结巴巴的口音说,它是"纯粹简单的无限深渊";它也是一个"点",在这个点中其他一些伟大的基督教冥思者将神圣的三位一体视为一。在所有伟大的精神体验中人们或多或少地发现了一些领悟这个整体的关键,即如何理解那个"或许可以被爱但不能被思考"的"超本质现实"。这帮助我们理解为什么神秘的天才们永远不能休息;因为如果他们处于一元论

---

① Ruysbroeck,13世纪法国方济各会传道士。

中,那么将宣称他们与神合而为一,或者他们是超验论者,则会坚持受造物与造物主之间有着无法逾越的差别。如果他们要实现其对现实的愿景并"与所有圣徒一起理解广度、长度、深度和高度是什么",就需要这两种完全对立的见解。

"你们是天空,你们同时也是鸟巢"。就像拉宾德拉纳特·泰戈尔[①]的诗是综合神秘主义中的特例,在我们的时代独一无二,纵观人类历史的任何时代都极其稀有;一种对神无限、亲密、超然和内在的真理的完整而平衡的态度也是如此,因为他们从生命本身向我们言语,而不是出于我们庄严地称之为"神"的薄弱而不安的存在面;因此,这种同样深刻和丰富的观点是泰戈尔父亲生活的主导直觉,它摆脱了极端的绝对主义和极端的内在主义,它拥抱了寰宇而又不失个体的联系。"追寻神的人,"德温德拉纳特·泰戈尔用特别让人想起圣保罗的话说,"必须在这三个地方认识梵。他们必须在内里看到他,在外界看到他,并在梵的居所中看到他,在那里梵存在于其自身之中"。当我们在我们自己的灵魂中看到他时,我们会说,"你是灵魂最深处的灵魂;你是我的父亲,你是我的朋友,你是我的同志"。当我们在自己身外看到他时,我们会说,"你的君王宝座在那无限的天空上"。当我们在他自己身上看到他,在他自己的圣殿中看到那个至高无上的真理,然后我们说,"你是你自己的至善与和平"。

靠着他的恩典,我现在开始相信这位瑜伽士可以同时看到神的三位一体,看到他存在于他自己的同时存在于我们所有人的心中;看到

---

① Rabindranath Tagore,或简称为拉比·泰戈尔、罗·泰戈尔,印度20世纪最为著名的诗人、文学家、思想家和社会活动家,著有《飞鸟集》《吉檀迦利》等,是本书作者德温德拉纳特·泰戈尔最小的儿子。

他存在于他自己的同时存在于我们之外的一切；他存在于他自己，自足自知，直达永恒。德温德拉纳特·泰戈尔是一位真正的瑜伽士……他是崇拜梵的人中最重要的。

在如此多的肯定之后，似乎也能找到他所否定的方向。我们发现这位神志清醒、平衡的伟大精神天才一个个地相遇，认知并拒绝——即使他们似乎受到他所喜爱的那些古代奥义书的支持——那些神秘主义者所面对的经典危险、异端和过激行为。在这些夸张事物中，最主要的是过分的泛神论，过分的安静主义，对表象世界一切现实的拒绝，和对灵魂本质与神存在的傲慢而完全的认同。许多西方学生会在书籍中愉快地读到马哈希对一元论、"阿凡达"派或神圣化身派和摩耶教义的全盘拒斥。这些古旧的教条被明确地排除在他的教义书——《梵法经》——之外。他是在自身内在光明的指导下写就了这本教义书著作。他说，神与个体灵魂之间的关系是一种最亲密的友谊关系。因此对于印度教一元论的经典宣言——"我就是那个至尊神——我不是其他任何事物"，他毫不妥协、直截了当地宣称其是一种"糊涂的程式"。再一次，宇宙"不是任何梦幻的东西；它是相对的真理，因为它的创造者是真理之真理"。因此，摩耶的教义，以那种将整个现象世界视为幻觉的形式，必须被否定。涅槃的信仰专注于灵魂在地球上的轮回，而如果"涅槃"一词本身被理解为在"不值得的虚妄"中"破灭得救"，那么涅槃信仰也理应和摩耶论一样收受驳斥。他对现实洞察如此笃定，引导他的内心声音如此权威，以至于他毫不犹豫地拒绝同胞的传统经文。在这些传统中，人们似乎支持一种观点，即他自己内心的直接体验会使他陷入夸张或错误中去。"充满直觉知识光芒的纯洁之心"对他来说是真正的神圣智慧的源泉，就像对乔治·福克斯本人一样；而且事实上，泰戈尔的态度和他的生活——既如此内向又如此具有使徒气质——与那位伟大的贵格会教徒有着强烈而无数的相似之处。可能没有什么比马哈希漫长而活跃的职业生涯、启示他的愿景、他所传授的教义与正常的西方对印度神秘主义者的观念形成更强烈对比的了。基督教义中把"更丰盛的生命"作为爱和认识神的果实，在德温德拉纳特·泰戈尔之外着实无法获得更明确的实现。他的传教工作，艰苦而热情的朝圣，他对友情的天分，他对自然的深切情感，他对人类的理智和平衡的看法，他对他那个时代的事件的强烈兴趣，绝不亚于沉思生活的欣喜，这种欣喜伴随着他整个积极的职业生涯——一切都植根于此。德温德拉纳特·泰戈尔绝非那种单薄、空浮的浅尝辄止者，而是极稀有的造物，一个完整的人。跟随本书的脚步来寻觅他的发展历程，并将他对神秘之路的经历与其他伟大的实相启蒙者的经历进行比较，那之后我认为即使是最顽固的精神爱国者也会明白上述事实。

二

若翻译成西方学生最为熟知的精神体验的语言，这位圣人的进化之路——就像许许多多"赋予生命的生命"的开始那样——起始于对现实的突然而深刻的体验，对永恒世界猝不及防的感知：发生在青春期的关键时刻，当生命刚刚完成了一个伟大的成长阶段，而尚在下一个阶段边缘犹豫不决。对于一个经历过的灵魂来说，本自述第二章开篇所描述的夜幕中熊熊燃烧着的河岸场景[①]预示着一场内在危机。这

[①] 此处的河岸指的是自述作者祖母火葬所在的尼姆托拉河岸。

场危机严格等同于被基督徒称为"新生"的历程,是意识的斗转、是对所有价值的深刻重估。对现象世界非真实性的突然和压倒性的信念,喜悦的猛烈涌现,以及内心的剧变,作为自我对现实影响的第一个自然反应——这些都是这种"新生"的特征。这种体验是性命的而非宗教的。它是新生命和成长的真正开始,是潜伏在每个人类灵魂中的精神种子的发芽;在通往永恒世界之路逐步展开的同时,这种体验体现在情感领域中的喜悦和放弃过去所珍视的浅薄利益和财产。"我已然,"马哈希说,"不再是那个过去的人了……我的脑海几乎无法容纳所体验到的那种超凡脱俗的快乐,它是如此简单和自然。"

想要找到德温德拉纳特的相似经历无须费心搜寻,西方神圣史就提供了就近的例子。亚西西的方济各[①],在他24岁时,他也像德温德拉纳特一样过着享乐的生活。其后方济各也"突然被不寻常的访问所吸引"——这种经历确实"简单而自然",但它们最终对他的生活产生了深远影响——在圣达米亚诺的一所僻静的教堂:在这里,他在与神的短暂接触后焕然一新,他"发现自己是另一个人",永远充满了新的热情,摆脱了过去的幻想。再比如说,海因里希·苏索[②]告诉我们,他在18岁时收到了猝不及防的无限启示;并伴随着"一种快乐,这快乐像是他在洞察到所有快乐事物的形状和实质时所可能获得的……这快乐激发了他对神最热烈的渴望"。劳伦斯弟兄[③]在同一年龄,在树的生命中领悟到了"神的力量",并以此彻底摆脱了幻觉的

---

① St. Francis of Assisi,或称圣方济各、圣弗朗西斯科等,13世纪天主教修道士、方济各会创始人。
② 14世纪德国神秘主义者。
③ Brother Lawrence,17世纪法国奥秘派基督徒。

奴役:"这种体悟使他完全脱离了俗世",并开启了他作为神秘学者的道途。

此外,对清贫的喜好、对财产和所有不真实的欲望对象的仇恨与恐惧,都是这种内在变化的正常外在表现。这是一种愉快而彻底的弃绝,是"忘记人间世界和一切不是神的事物"——帕斯卡尔[①]在总结他通感到绝对真实的反应时如此写道。富裕体面的年轻埃及人,伟大者圣安东尼[②]也是如此,他将所有财产都分配给穷人;圣方济各,拒绝快乐而安逸的生活在亚西西广场上脱光衣服苦行;杰出的牛津学生,理查德·鲁[③],抛弃了他的家庭和前途,穿着自制的隐士装走上修行之路——这些事例代表着觉醒的灵魂对某种召唤的回应。这种召唤如今也给予了年轻的德温德拉纳特·泰戈尔内心觉悟的外在形式;他内心的断舍弃绝,他对自由的本能渴求,外在表现为泰戈尔将他的个人物品、财产分配给了他的朋友。这是真正主导这个生命和所有其他真正神秘学家生命的趋势的首次出现:驱使他们不断努力在有限中实现无限;只要还未达到人性的边界,他们就不断追求把生命升华成一场正当的圣礼;在此生命中,外在表现的永恒进步与内心优雅的永恒成长齐头并进。

[①] Pascal,17世纪法国启蒙巨匠,其人虽英年早逝,但在物理、数学、宗教、哲学等方面影响巨大,著有《思想录》。
[②] St. Anthony the Great,又称大安东尼、埃及的安东尼,公元3—4世纪罗马帝国治下的埃及基督徒,是隐修生活的倡导者和沙漠隐修者的领袖。
[③] Richard Rolle,14世纪英国基督教神秘主义者、宗教作家、诗人、著名隐士和灵修者。

灵性的生命历程常常起始于某种意识的陡升，比如燃烧的幻视，狂喜的心灵，而它们不可避免地带来惩罚。头脑无法长久忍受这种高度紧张的状态，因为在过去没有任何准备；继而大脑会重新跌回到过去的认知水平，在过去，其认知曾经误认为已身处最终的真实，然而现在，却再也无法忍受这样的错误。已经感知到完美境界的灵魂，已经与永恒沟通的心灵，荡回了对不完美和不真实世界的苦涩体认中，仿佛被诅咒了一般要注定困在此地。因此，忧郁、不安和对正常生活失去兴趣常常在这一点上折磨着精神上的青少年：这种冲击和折磨在基督教神秘主义者中通常以接受忏悔和"认罪"的形式出现，逼迫接受者在道德上尽力苦修和重新调整自己；在更形而上学的东方头脑中，则产生了厌世、幻灭和绝望的情绪。前两者都曾短暂地看到"万物最渴望的愿景"，自此再没有什么能让他们再满足的了。"我渴望，"德温德拉纳特说，"重复那种欣喜若狂的感觉。我对其他一切都失去了兴趣。"然而，那种欣喜若狂的感觉自此消失无踪；"第一次无意间达到的狂喜"已然深刻在脑海，而任何意志上的努力都无法重新获得它。那个可怕的"超脱"过程构成了神秘学意义上净化的第一阶段，而现在正在走向最终圆满的过程中；这一过程中要根除所有对自我的执着，即使是最为精神性的那些，要根除一切对超越感官欢乐的向往；这一过程要让灵魂在一个现在变得不真实的世界中忍受悲惨的孤独。卡比尔①说，这就是超脱的节奏，在时间之外聆听爱的音乐。这就是归一过程相对应的活动；而作为体验这一过程的"新手"，修行者要和他们的前辈一样同时需要承受它带来的苦痛和欢欣。"黑暗

---

① Kabir，也译为迦比尔，14—16世纪印度著名诗人、哲学家和宗教家，是伊斯兰教的先知，相传活了120岁。

笼罩着我。俗世的诱惑已经消散,但对神的知觉并没有更近一步:对我来说地上和天堂的幸福都被收走了"。

一位伟大的英国沉思者说,"神可能会出于爱而被触及和拥有,但绝不会是通过思索"。但是每一个积极寻求神的人都必须自己发现这一真理。所以在这里,我们看到马哈希像他许多精神上的先行者一样,首先试图通过智性手段找到他渴望的对象,并因由此产生的挫败感而重新遭受痛苦。"我努力修行是为获得神,不是通过盲目的信仰,而是通过知识之光。在这方面屡屡失败,我的内心挣扎与日俱增。有时我以为我已无法再活下去了。"泰戈尔——发掘了人类试图找到通往最终真实的所有道路,并逐个测试了这些路径,发现尽头皆是死胡同;然而,尽管他获得了很多知识,光明与平静并未到来。他生活在一种精神疲倦和痛苦的状态中,基督教苦行者称此为"持续的干旱"——"对所有的幸福,世俗的和神圣的,都感到死寂般的疏离"——直到他大约四年后转变的那一刻,在那时,所有史诗般伟大的精神历程所必经的一个阶段来到了。那时意识的钟摆再次朝无限摆动;他过去如此执着地寻求却不断失败的启示突然涌入他的身上,使他充满了光明和喜悦。

这种蜕变的方式是神秘修习的独特特征,在普通观察者看来,它的发展不是通过稳定的增长,而是通过一系列"跳跃式上升",每次跃升都有着新一重蜕变所需的关键特质。长时间的不稳定状态之后,出现了一个突然的升格,让意识达到更高的阶层;这种升格很明显是某些外在的自然或"超自然"媒介所带来的,例如一个词,一个信号,一段信息等,但追根究底,蜕变是之前所有内在苦修的结果。因此,圣奥古斯丁告诉我们,当他听从孩童所发出的"Tolle! lege!(拿起来!读!)"的声音时,他长期的犹疑和痛苦立即结束了。他打开了希伯来经典并阅读了给罗马人的宗徒书信中的一句话,发现这句话对他具有特殊而神圣的意义。"当我读到这句的最后,平静之光似乎照耀在我的心头,而我的所有阴愁都消散而去"。在马哈希的经历中,那个将"净罪"阶段转化到"启明"阶段的关键媒介是奥义书中的文本。奥义书中的语句凝结了他内心长期成长着的知觉,消解了他思维体系中的不谐并将道路指向最终的平静境界。对他来说,这就像"从天堂降下来的神圣话语"。"我获得了我想要的东西,我从未在任何地方听到我最私密的想法以这种形式被抒发……这不是我贫乏智性所产生的格言警句,只能是神他本人的话语……啊,真是蒙恩受赐的一天——充满天国般欢乐的一天!"就像福利诺的安吉拉①和其他许多人一样,在这一刻,"灵魂张开了它的眼睛,他在此刻拥抱了神的丰足"。

被神秘学家所称作"启明"的心识状态——对灵魂世界完全而热爱的理解——有着众多形式。它促使德温德拉纳特·泰戈尔,一个性格活跃、智力超群的人,从事类似于传教士的事业。他使徒般的本性促使他与他人分享所发现的真相。在组织和开展梵社②的宗教运动时,泰戈尔做了很多艰苦而严谨的工作。这一过程中,他找到了他热情和爱的宣泄出口,就像方济各在传道修士的生活中找到出口、依纳爵在

---

① Angela of Foligno,即圣母安吉拉、圣妇安吉拉,14世纪神秘学家、宗教作家,她在圣方济各的引导下皈依基督教方济各会,著述颇丰,赢得了"神学导师"的美誉。
② Brahma-Samaj,印度近代著名宗教与社会运动团体,由拉莫汉·罗伊在1828年设立;梵社在思想上综合了印度吠檀多哲学与伊斯兰等教派的学说,主张种姓与男女平等、改革封建制度,在19—20世纪中对印度社会影响极大。

成立耶稣会的活动中找到出口,福克斯[①]和威斯利[②]在传播贵格会教义中找到出口一样。总而言之,这些努力往往是破碎而常常被外人误解的,必须要在漫长时间中依序实现,要与其他人交流对世间最终真实的觉知。它们证明了"对神的爱决不能失之于懒惰",爱也不能独善其身。

在马哈希的一生中,这种启明的状态似乎持续了约十七年——从他22岁到39岁——并遵循了一种我们在许多伟大基督教圣贤中都发现的轨迹。渐渐地,随着境界的发展,我们看到了那些奇异力量和各类形式的感通的出现——这些可以说是精神机制对精神生活新目的的适应——在类似心理状态的人身上这种经历几乎普遍存在。事实上,为泰戈尔固有的,对神圣本质的强烈的形而上学和精神上的理解,以及泰戈尔对化身类型的宗教的坚决厌恶,几乎不可避免地会阻止他用文字来表达与世界实相的感通。然而尽管他几乎没有留下任何感通灵视经验的记录,内心的声音以及被笼统地称为"灵视"的现象现在开始在德温德拉纳特的生活中扮演相当重要的角色。比如在第十五章所描述的奇异之梦以及在第三十七章出现的经历中,泰戈尔沉浸在深沉的冥思里,并"在森林里看到了神之眼"。我们似乎看到这种不自觉的戏剧化倾向经常出现在这种天才身上,他们通常以图画、音乐或寓

---

① 即前注中的乔治·福克斯,17世纪宗教家。
② Wesley,全名为约翰·威斯利,18世纪英国神学家、传道士,卫理公会的创建者之一。他与贵格会关系复杂,对贵格会教义多有批评,但在具体工作中与多位贵格会领袖(包括乔治·福克斯)关系良好,此处所述威斯利与福克斯传播贵格会教义应为误笔。

言的形式将其深层直觉呈现给表层意识。同样,他也像圣保罗[①]一样,很清楚地体会到了什么是"圣灵的压力"。随着他不断迫近神秘意义上的成熟,一种内在的声音,一个第二人格,支配了他的行动并对他发出指令。就像福克斯被迫舍弃一切谨慎,去"诉说主所下达的铸言",马哈希也是一样,感受到一种急迫去遵从"内在庄严诫命的指导"。对此本书在第三十八章有一个有趣的例子。这个奇妙的例子涉及了身心状态的紧密联结,且发生在一场似乎与泰戈尔踏入归一之路大门相对应的危机中。

除此之外,《梵法正义》[②]一书的创作过程是一个异常完美的例子,可以用来阐述灵性的写作方式是怎样的。这种写作方式一方面与现象级的自主写作有关,另一方面又是预言性的天赋倾泻而出的成果,这是广为神秘主义学生所熟悉的。盖恩夫人、伯姆[③]和布莱克[④]正是这样创作了他们大部分作品的。同理,锡耶纳的圣凯瑟琳[⑤]在近乎狂喜的状态下口述了她伟大的《对谈录》(Dialogue)。在写《内在城堡》(Interior Castle)时,圣德兰修女感到她自身成了伟大灵魂的工具,并抱怨她手中的笔难以跟上内心涌出的灵感之泉。然而,上述人等没有一个比德温德拉纳特·泰戈尔更生动地描述了自身经历。单单这一章就为宗教心理学提供了一份当代的文献,而该文献很可能被证明具

[①] 又称圣徒保罗、圣保禄,是基督教早期神学家、传道士,其事迹在《新约圣经》中多有记载。

[②] 即 Brahma Dharma,是德温德拉纳特·泰戈尔所撰写,并由梵社成员整理后出版的宗教与哲学论著,系统阐述了代温执掌期间梵社的思想纲领和代温本人的理论。

[③] 此处应指 Jacob Boehme,16—17 世纪德国神秘主义者和基督教神学家。

[④] 此处应指 William Blake,18 世纪末英国著名浪漫主义诗人,是虔诚的基督徒。

[⑤] Saint Catherine,14 世纪基督教圣徒、神学家、教会医生。

有永恒的价值，因为它说明并证实了过往神秘主义者留下的叙述。泰戈尔告诉我们，"我向神热切地敞开了心扉。借着神的恩典，我得以说出心中所显现的灵性真理，说得就像奥义书中文字流出的河流一样流畅而有力……这些文字代表的不是我眉间的汗水，而是我内心的涌泉"。同样地，盖恩夫人用几乎相同的措辞说："我一开始读希伯来经典，就不由自主地写下我读过的那段话，并立即记录下我所得到的启示。……我以一种不可思议的速度写作，因为手几乎跟不上精神叙述的节奏。"雅各布·伯姆在谈到他自己的大量著作时说："一切写作都是按照圣灵指示来安排的，而圣灵常常匆忙迅捷……所以写字的手经常颤抖，因为手尚不习惯以此模式写作。虽然我本可以写得更准确、更公平、更简单，但一团灼热烈火往往以极快的速度向前推进，我的手和笔必须紧追不舍。"

很显然，以上这些指的都是同种类的经历：自冲破门槛的灵感涌现，对于超然体验爆裂而不可控的表达，以及在启明之路上日渐增强的灵性直觉。

这种明悟状态的逐渐发展可以从马哈希的自白中非常清楚地察觉：从它在他22岁时首次出现，再到精神强度和觉醒的第二人格的稳步增长，这一过程始终与他极其充实与多样化的积极入世作为并驾齐驱。那种经常在伟大的神秘主义者身上出现的组织天赋，很早就在泰戈尔身上显现出来。尽管践行这一天赋的代价是必须刻意放弃独居、沉思性的生活——这种生活在现实中指的是到他所爱的孤独之地进行漫长的朝圣。在28岁时泰戈尔已经触及一种与神圣实相之间的简单沟通，基督教神秘学家把这种沟通叫作"神显现的实践"。正如劳伦斯弟兄①所说,"相比于退休后专注侍奉的那段时间,他入世在外工作时更感受到了与神的联结"。并且,这种有意识的羁绊,使他在日常庖厨之事中收获了与专注时间里冥想、祈祷同等的帮助。因此对于马哈希也是一样,"我与神之间建立了一种深刻而活泼的联结……我与他面对面相见,我听见他的指令,并成了他永远不变的伴侣……我现在了解到神是我的生命中的生命,我心底的朋友,我一刻也不能离开他"。在他 31 岁时这种状态到达了顶峰。同时这一时期也是他写就《梵法正义》的时期——这一时期也恰逢人生的重要道德危机之一,这种危机往往标志了神秘意识在新的生命阶段上完全建立。

同样是这一时期,他父亲的死,以及父亲死后接踵而来的经济危机,让德温德拉纳特有机会完全放弃所有世俗财产。他本着真正的方济各会精神,认为这是他一生中最伟大和最重要的祝福,因为这一连串事件以最完美的方式赋予了他一直渴望的自由。"那是在燃烧大地上度过的一天,而每一天都是如此!我又向前迈出了一步……我完全摆脱了所有的欲望。我在奥义书中读到过关于无所求的和平与幸福,现在我在现实生活中切实尝到了。""一无所有,一无所是,一无所求"——那种普遍的神秘主义追求——似乎现在对他来说唾手可得。

但将他绑在物质俗世的枷锁并非如此容易就能解开。这种完全的内心断舍——认定外在的贫穷不过是神圣表征——注定要以另一种方式表达出来,然而这种方式远不适合他那神秘主义的气质。人们发现,Carr, Tagore & Co. 公司的事务一团乱麻,最好的补救办法不仅是泰戈尔自愿牺牲财产,而且需要他做出更大的牺牲,即牺牲时间和

---

① 17 世纪基督徒。

精力。德温德拉纳特·泰戈尔认为在重组工作中与他人通力合作是他的职责。在将近十年的时间里，他充沛的精力分散在管理公司财产和控制梵会社以及处理其教义、服务和文献之间。在这里我们看到的不是一个精神修行者为了他灵魂的需求而放弃了俗世繁芜，而是一个伟大而高贵的人格承担起现实的职责并将自己所获之伟力花费在他人身上。这等义举，就像锡耶纳的圣凯瑟琳在繁忙医院里和圣女贞德①在战场上所做的那样。

通过比较审视过去伟大的神秘主义者留下的记录，现在我们发现这些神秘主义者沐浴神圣恩典与精神滋养的愉悦生活并不是平稳上升的。他们的生活不断发展延伸，这是真的；但贯通其中的是一种"在软弱中变得完美"的力量。在每一个伟大的上升阶段达到其期限时，它就会耗竭。然后，它所引导建立的意识状态会破裂，紧接着的是一个痛苦的过渡时期。在这个过渡时期中，自我须要再次忍受所有自身第一次净化和奉献时伴随着的那种阴郁、不确定和艰辛的折磨。通过这种宛如"二次出生"式的旧意识形态的破碎、这种心理失衡和焦虑，神秘主义者们必须前进到一种重生的或是"神明状态"的生活。在这类生活中他们与神圣目的完全相合，这也被称作是"合一之道"。在德温德拉纳特·泰戈尔的自述中，我们可以看到整个过程逐步发生的轨迹，就像在苏索、圣德兰或盖恩夫人的经典生活例证中一样清晰。这种情况的特点是，外部和内部的考验——精神上的痛苦和世俗的悲伤——似乎结合起来压迫受害者。虽然泰戈尔这样的修行

---

① Joan of Arc，或称为珍娜·让·德尔克，绰号"奥尔良的少女"，15世纪法国民族英雄，后被天主教廷封为圣人；在英法百年战争期间贞德带领法军屡获战果，并为查理七世加冕。

者本人并不知道,但他确实是爱的受害者。在生理学意义上,青少年往往很容易成为生活试炼和不幸的牺牲品,而这些负面因素,儿童和成人却能更好抵御——因为儿童和成人都非常牢固地绑定在自我的宇宙里,而青少年位于两者之间的摇摆地位,缺乏这种锚定态势。同样地,对于精神上的青少年,意指那些正在经历过渡阶段的人,现实生活中的烦恼往往呈现出难以忍受的一面,因为他已经不能完美得像过去一样适应它们,还没有在更高的层面上站稳脚跟。

因此,我们可以发现,在1856年前后,马哈希的家庭债务和种种忧虑不再是他努力修行的刺激性动力,而成了无法忍受的重担;同样地,过去他认为可以理解他的朋友们,此时似乎也不再能与他共情。不可避免的精神疲劳和失衡时期已经来临;同样处于这一时期的盖恩夫人感到一种压抑、无力和紧张的状态,她将此形容为"各种各样的十字架满目皆是";这种状态也吸引了苏索可悲的抱怨,"神啊!你的拉锯赛持续了如此长的时间"。由于他的精神正在走向一个全新的成长阶段,德温德拉纳特发现自我与他所处的世界完全无法和谐交融。一种对孤独、苦行和全神贯注的生活的强烈渴望,现如今让他着迷不已,尽管这在现实生活的喧嚣中是不可能实现的。最终,在1857年的阿什温月——印度反英暴动的那一年——他独自踏上了旅途。他打算完全过上流浪苦行者的传统生活,再也不会回到他的家人和家中。就如同他所说的那样,"世界再也无法阻止我的思绪,我挣脱了它妄想的绳索"。

在本书第三十一至三十八章所描述的三年旅行中,我们看到了马哈希的精神意识从对"实际"生活的不断烦恼中解脱出来,稳步走向成熟。在他们生命的某个时期,伟大的冥想者们似乎总是需要这样一段"独自隐居"的时间；凭借其广阔的沉默空间，与自然的直接交流并与神同在。然后，正如隐士罗尔①所说："在荒野中，被爱的人可以对爱着他的人交心深谈，就像一个害羞的情人一样；而在众人面前，他的心爱之人恳求他别如此直白。"埃及隐修者②在底比斯沙漠中发现了不可思议的力量和精神振奋，就像圣弗朗西斯科③在拉维纳山的上，理查德·罗尔在他的隐士牢房中，以及锡耶纳的圣凯瑟琳在她刻意独处的三年中所获得的那样。现在，德温德拉纳特·泰戈尔也从他在喜马拉雅山的长期隐修中获得了此等加持。自然对泰戈尔的影响一直广大深远。现今，在对山脉的初次体悟中，他似乎找到了那种他灵魂中渴求波澜的那一部分所需的丘壑。他这样说，"我爬得越高，我的意识也随之愈登愈高"。

在反英叛乱所导致的骚乱中，在山川间旅行是一件极度艰难的事情，然而，在此过程中他内心的喜悦和平静却稳步增长。随着他越来越多地深入世界真实的核心，他看到神与他同在，"神那纯熟之手创造的印记"显露在一切自然事物中。在他艰苦的山地探险和内心冥思中类似的事物现在已变得熟悉。泰戈尔得以从世俗事务的紧张中解脱出来，他越来越深地沉浸在神中，并在斯特菲·哈菲兹④热情洋溢的诗歌中发现了他心中燃烧之爱的恰到好处的表达。就像锡耶纳的圣凯瑟琳和圣德兰修女一样，居住在神中的人会整天为欢乐而歌唱；理查

---

① Rolle the Hermit，即理查德·罗尔。
② 即前文所说的圣安东尼与他带领的沙漠隐修士。
③ 即圣方济各。
④ Stlfi Hafiz，14世纪波斯抒情诗人、宗教学者、哲学家，以优美的诗文和对宗教的博学著称，其名字意为"熟背《古兰经》的人"。

德·罗尔对神的欢愉之爱"爆发出巨大的声量",使他"以幽灵般的交响曲唱他的祈祷"。因此,马哈希现在整天都在满足的狂喜中旅行,高声吟唱伟大的波斯人的热情歌曲。他的沉思能力发展迅速,并且越来越呈现垄断他意识领域的倾向。在西姆拉的雨季,当条件不允许攀登山峰时,他花了半个晚上在如此快乐和亲密的冥想交流中——托马斯·肯皮斯① 在他的《模仿基督》中把这种经验美妙地颂扬为"与天堂对话的伟大艺术";而在白天,他"四肢折叠,思想集中",钻研着神秘学先行者,过去的圣贤所宣称的"关于第一原则无可辩驳的真理"。因此,泰戈尔在沉思的形而上学层面和情感层面取得了平衡,防止了智识或心灵的过度和片面发展,这是影响神秘修习的主要危险之一。

神至高无上的统一视野,既超然又内在,统括个人和宇宙。那种在最伟大的圣徒身上体现的,"(他是)内在、外在、第一个和最后一个",现在正在自我蓬勃发展。我们可以在这本自述中追溯此种精神特质,就像在卡比尔② 和贾拉鲁丁③ 的歌曲,以及在吕斯布鲁克、福利尼奥的安吉拉④ 或马格德堡的梅克希尔德⑤ 的伟大作品中一样,我们能追溯到一种广泛的、非个人的直觉,以及亲密的、崇拜的爱在他们身上不断交替,标志着神的超然视野逐渐在意识领域内建立起来。泰戈尔说道:"那些我感受到神亲密陪伴的夜晚,我狂喜地大声

---

① Thomas Kempis,文艺复兴时期宗教作家,新灵修运动的参与者。
② 即前文印度诗人卡比尔。
③ Jalaluddin,13世纪苏菲派宗教家、诗人。
④ 14世纪基督教圣徒、宗教作家。
⑤ Mechthild of Magdeburg,13世纪女贵族、神秘主义者、诗人。

重复,'今天不要把灯带进我的谒见厅!今晚,我的朋友,满月在这里闪耀!'"

然而,这种亲密的个人结合是通过对内在神圣灵魂的生动感知来平衡和完成的,这一神圣灵魂鼓舞和支持着所有自然的事物。"他自己无数次与我们擦身而过;但我们却看不见他。"通过数以计日的全神贯注,通过长期因为根植于爱而变得过度的禁欲苦修,最终他获得了将这些完全对立的事物合二为一的内在体悟。"我在这喜马拉雅山丘,梵的圣地,看到了神,不是通过肉眼,而是内在之眼。"这种经历是不可描述的。只有求助于光的宇宙神秘意象,他才能向我们暗示它的辉煌。他看到了,他和哈菲兹一起说道,神就像那"超越黑暗之外的太阳色的伟大存在"。但丁也如是说:

"……我的视线,如此的真诚和虔诚,透射着真实的光芒。

从那时起,我看到的是,我们的谈话,在这种情况下屈服了,并且让记忆屈服于如此多的愤怒!"

现在我们可以将所有达到他们所谓的"与神联结"状态的神秘主义者分为两组:一类人满足于他们所获得的神圣现实的果实,并愿意在纯粹的沉思中安然度过一生。第二类人,对于他们来说,那些超越生命力的交流只会激发新的和赋予生命的任务。对于前者,联结本身就是目的;而对于后者,这种合而为一的生活只是神圣修行的第一步。前者更多的被认为是西方神秘主义者的典型特征,但德温德拉纳特并非这类人的支持者。描述他获得福佑结束的那一章,并未描述一种个人的狂欢、灵魂的满足,或是对于自我融入绝对灵魂的欣喜若狂,而是记述了来自哈菲兹的一段话。这段贵族式的,在西方人看来是基督徒式的调子,歌颂了对全人类的奉献:

从今以后，我将用我自己的心灵向世界散发光芒。

神圣的富饶，西方伟大的神秘主义者说——意味着新生命的诞生，世间更多光明的传播——是灵魂与神结合的真正目标。那些在其中得到完美结合的人将感受到一种灵性家园的感召。像盐，像光，像福音的蒙发，他们决不能将自己仅限于自身完善之中。正如陶勒（Tauler）所说，一旦达到一个关键的时间点，他们必须"能愿意停止学习，不再享受内心的知觉和焰火；必须以艰辛的苦劳和磨炼自己为代价来侍奉主"。在某个必要的时期，他们拒绝世界是为了全人类利益而接受教育；在这个时期结束后，他们就会积极入世，作为世界变革的领袖。现在，在东方现代圣徒的经历中，看看这个精神生活的深刻法则：在出世之后又回归俗世故乡。当马哈希在喜马拉雅山的隐退持续了将近两年之后，有一天他站在山洪流中凝视着山洪——这一景象总是让他感到特别的兴奋和喜悦——那经常指导他行动的庄严声音告诉他，他的教育已经结束，他从烦恼的入世生活中脱离而获得的喘息机会已然达到终点。就像那条清澈的、起泡的河流必须奔流到平原，接受泥土的污浊，谦卑地藏起自己的骄傲，最后才能使土地肥沃，他也必须如此。"你所获得的真理，你在这里学到的虔诚和信任——去吧！让它们为世所知"。

这种当头棒喝是可怕的，因为马哈希相信自己已经找到终生的隐居处。本自述第三十八章见证了现如今发生在他内心的激烈斗争：这场斗争显然是为了最后的、最激烈的精神净化，彻底的自我减损，深远的屈尊，完全折服于神的旨意，这是所有伟大的圣徒都必须经历的。他面临着双重抉择：一方面，是他置身训练多年的、充满吸引力的苦行生活，是在他面前开放多年的、与天国的亲密联结，还有在

"圣地喜马拉雅"、沉浸在世界真实中的生活；另一方面，是回到充满混乱与琐碎的俗世生活，是需要不断在世间的振聋噪声中维持自身精神和谐的生活。客西马尼园（耶路撒冷附近，传说是耶稣被捕处，指令人饱受折磨的地方）的经历并不局限于基督教的修士。这是灵魂成长的普遍阶段；Fiat voluntas tua——意为"完全屈服"——是一把万能钥匙，为"来自东方和西方"的修行者们打开所有大门，让他们在神的国度里安稳下来。

在神秘主义者们的生活经历中，我们能发现许多与马哈希现在所处风暴的相似处。他们所受到的这种精神和身体上的痛苦，源于个人意志与神至高意志间的碰撞。引发危机的考验可能多种多样。比如苏索，即使他长期以来一直是永恒智慧的宠儿，但他总是在无法反驳的诽谤下痛苦扭动挣扎着、反抗着自己的屈辱，"像一个失去理智的人一样胡言乱语"。直到最后他清醒过来，转向神放弃自己，完全听从神的旨意。就像他说的："如果我不能反抗，那就如此吧。"圣德兰修女，从和主之间最亲密的交流中陡然被抛入"一种非凡的孤独"中，并以神的名义接受了她巨大而明显的损失；许多其他自在的冥思者在无情的至高意志的压力下也被迫放弃玛丽的特权[①]，转而不情愿地从事玛莎的事业[②]——这些人都经历了相同的艰难过程，并且总而言之，这一艰难过程会产生相同的必要变化。现在，旧的意识中心终于被解构；在德国神秘主义者们称作是"完美自弃者的上升之路"中，那些驱使自我至今的对个人超越、个人幸福、个人成就的旧的本能欲望被通通摒弃了。自此灵魂漫长的青年期已然结束，对人格中心的重

---

① privileges of Mary，指与神亲近、独自聆听神声音的特权。
② career of Martha，指为世间生活所迫的俗务。

整最终完成。这种从大炼金术师的火焰中出来的新的、转化的生物变成了奇异的英雄人物,一个与神同在的人。用吕斯布鲁克的话来说,他已经从"与神联结的本质生活过渡到与神同在的超越性生活;人的意志不仅与神圣意志相协调,而且与它是一回事。""这是神的命令,我应该回家",德温德拉纳特·泰戈尔说,"人的意志能不能反对这一点。……他的意志就是我的法律。将我的意志与他的意志相协调,我做好了回家的准备"。

然后,他从西姆拉返回加尔各答。这是一段艰难而着实危险的旅程,因为印度叛乱才刚刚结束。随着这种饱含自我牺牲的朝圣行为,也许是他能做到的最伟大的事,自述的记述也在此结束。在其中,我们看到了一个伟大的灵魂经历着生命成长的所有阶段以及那些外人难以理解的意识振荡;这些经历都是圣徒之路的典型印记,都代表了人类生活向更高层次的运动,代表了它在新领域中的艰难建立。从某种意义上说,马哈希所经历的长期自律、他内心的挣扎、他所赢得的强大冥想能力,只是为他现在要从事的宗教改革的使徒生涯做准备:之后整整四十六年,马哈希忠实服从神的命令以"将他所获得的真理传给世界"。他现在41岁,精神和身体一样成熟,充满了丰富的生命,能够在精神世界和感官世界之间保持前所未有的稳定平衡。既活跃又默然的神通过欢快和苦痛引导着马哈希不断成长中的灵魂。在此加持下,行动和沉思、超凡的爱和人类工作的双重生活,最终对他来说成为可能。基于他人的见证记述,我们了解到泰戈尔自我奉献的生活中所蕴含的勇气和勤奋:这是一种植根于无限的生活,却在对所有有限事物的普遍慈善中表现出来。即使在他有生之年,这也为德温德拉纳特赢得了"伟大圣贤"的美誉。他的目标是所有真正神秘主义者的目标,"成为永恒神性的左膀右臂"——成为一种最高艺术家可以用来完成他的创造性工作的工具。他的成就也许可以用沃尔特·惠特曼[①]借由年迈的哥伦布之口说出的优美话语来表达——表达泰戈尔行动中那种完美的英雄之爱,他的每一项事业都饱含神的灵性:

"你知道我的整个岁月,我的一生。我漫长而充实的积极劳作,不仅仅是内心崇拜;你知道我年轻时的祈祷和守夜,你知道我成年时的庄严而远见的沉思,你知道在我开始之前,我如何倾尽所有对你,

你知道,我长久以来写就所有这些誓言并严格遵守,

你知道我对你没有一次迷失、信仰和狂喜……

接受来自你的一切,就像我来自你一样。"

伊芙琳·安德希尔

[①] Walt Whitman,19世纪美国诗人、人文主义者,著有《草叶集》。

英译者前言

出版此译本是为了向我父亲的回忆致敬,希望此译本可以覆盖到比原版更广泛的读者圈子。为了能更全面地理解此书中精简的叙述,我在此附上了我父亲生平的简短概述,以及他如此发自心底认同的梵社的相关资料。这些补充提供了我父亲除这本自述所述之外的生平经历,希望能以此满足完备性的需要。

德温德拉纳特·泰戈尔,后来被称为马哈希或"圣人",1817年5月出生于加尔各答乔拉桑科的家族宅邸。在大公拉莫汉·罗伊[①]创办的学校接受早期教育后,他在14岁时加入了印度教学院;在那个时候,该学院是一个有一定地位和声誉的教育机构。我的父亲是富有的德瓦卡纳特·泰戈尔的儿子,德瓦卡纳特的奢侈消费为他赢得了王子的头衔。所以正如可以想象的那样,我父亲是自幼在兴盛奢华的环境中长大的。在他早期宗教印象的形成过程中,他受到正统印度教家庭传统的影响,尤其是受到祖母的教诲和她作为榜样的影响。在祖母的悉心照料下,他似乎度过了一个快乐的童年。因此,他成长为一个

---

① 此处将 raja 译为"大公",raja 是古印度封建领主的称号,在流传过程中逐渐变为一种尊称;Lamohan Roy,被称为"印度近代之父""印度民族主义之光",是19世纪印度杰出宗教家、社会活动家、哲学家,也是梵社的创始人。

意志坚定的年轻人——非常崇敬他祖先的宗教，尽管实际上他更关注的兴趣点是世俗而非精神上的。但是，在自述中被生动形象地描述的某些天意事件使他在成年后发生了变化，他感到自己对更高的生活有所觉醒。

1839年，他成立了一个名为塔瓦菩提尼修会的协会，每周定期在他家举行会议，在那里人们会发表有关宗教主题的演讲。除此之外，修会每月举行一次礼拜聚会，人们共同祈祷，背诵和解释奥义书的经文。修会创办了月刊《塔瓦菩提尼期刊》，在阿克谢·库玛尔·达塔的出色编辑下，为自由神学和孟加拉文学做出了卓越的贡献，经过多次变迁，它仍然作为一本孟加拉月刊存在。几年后，塔瓦菩提尼修会并入了梵社。马哈希在他的自述中，对1842年举行的修会第一次周年会议进行了有趣的描述。同年，我父亲第一次拜访了梵社。必须在这里指出，修会那时还不是一个有组织的结社。它只是由一小群人组成，他们不时聚在一起背诵吠陀经并进行精神崇拜。拉莫汉·罗伊大公于1828年创立了梵社，并在一段时间后捐献了一座礼拜堂供其使用（在1830年玛格哈月11日）。从那时起，他可敬的助手拉玛钱德拉·维迪亚瓦吉什热心地担任了会社的部长。但是会众并没有增长，而且圣道，如果有的话，似乎每年都在衰落。但当我父亲加入会社时，一切都变了。他以热忱和精力投入它的重组中，引入了一种例行的崇拜形式，包括祈祷精神上的光明和力量，并起草了一项促进会社兄弟行为一致的盟约。

我父亲本人和其他十九个人是第一批签署梵之盟誓并公开接受维迪亚瓦吉什大师启蒙的人。当二十个年轻人穿着合适的礼服，走到大师面前，恭敬地重复着圣约的庄严话语时，这位会社元老的感情压倒了他，以至于他像个孩子一样抽泣起来，并且没有发表他打算宣讲的布道，而只是说："哦！我多么希望拉莫汉·罗伊能在这一天出席。"

1844年，我父亲建立了塔瓦菩提尼学社，即神学院，用于教授吠檀多和训练年轻人为梵宗教布道；次年，他派四名学生到贝拿勒斯进行高等神学研究。这四位梵修士中的每一个都被指示在圣城学习一本吠陀经。这些人回国后被聘为梵社的传教士和牧师。其中，阿南达·钱德拉·吠檀多瓦吉什大师是最为知名耀眼的那位。他一直担任梵社首席部长直到去世，出版了各种版本的吠檀多著作和《薄伽梵歌》译注，并担任了在孟加拉亚洲学会出版的"印度藏书"中的《所闻经》(the Srauta sutras) 和《家宅经》(the Grihya sutras) 的编辑。

1845年在会社的历史上是值得铭记的，因为梵修士们为保卫他们的宗教免受基督教传教士的攻击而做出了艰苦的努力。那是杜夫博士在其著作《印度和印度宗教的传播》中发表了对梵及其信仰宗教无理指责的前一年。他将梵社描述为相信吠陀经无上正确的吠陀教派。这一声明导致梵修士们正式考虑他们的立场。人们发现，在梵社本身中，对于圣书的权威性存在广泛分歧。阿克谢·库玛尔·达塔当时是《塔瓦菩提尼期刊》的编辑，他是社内的知识领袖，而我父亲是会社的精神领袖。阿克谢拒绝承认这些经典的无误性。最后，经过多次讨论，我父亲正式放弃了口头默示的教义。在不列颠的全体会议上，人们同意不接受吠陀经、奥义书和其他古代著作作为无误的指南，理性和良心是至高无上的权威，只有当圣书的教义与我们内心的光相协调时才会被接受。

随着信徒人数的增加，人们强烈地感到需要一本教义来指导他们。为了满足这个需要，我父亲编写并出版了《梵法正义释义》

(*Brdhma Dharma Grantha*),这是一本有价值的宗教和道德有神论手册。这本书的第一部分是有关虔诚奉献的,包含奥义书中关于神的存在和属性、神的知识和他的崇拜的文本。此书的这一部分在一次座谈后被弃置了。这一部分我的父亲用奥义书的话语发泄了他内心的倾诉,阿克谢·库玛尔·达塔将它们记录下来,然后在三个小时内完成了整本书。第二部分由摩奴①、耶若婆伕②、《摩诃婆罗多》③和其他印度教经文中的道德戒律组成。在本书的附录中,下列内容被规定为梵信仰的基本原则:

1. 开始什么都没有。只有一位至尊存在。他创造了整个宇宙。

2. 唯有他是真理之神,无限智慧之神,良善之神,力量之神,永恒之神,无所不在、独一无二的神(Ekamevadvitiyam)。

3. 在对他的敬拜中,我们能在今世和来世得到救赎。

4. 爱他并做他所热爱的事构成了对神明的敬拜。

除了主持加尔各答梵社的工作,我父亲还协助梵社在米德纳普尔、柏德万、达卡、朗布尔、克里希那加尔和其他几个地方建立了分支机构。所有这些工作,历时近十二年,都在自述中有所阐述。

1846年,我的祖父德瓦卡纳特·泰戈尔在第二次访问英国时去世。这对我父亲来说是一个巨大的打击;从世俗的角度来看,他陷入了非同寻常的经济困境和尴尬境地。不仅如此,这件事似乎是一场天赐的考验,意在考验他的精神力量能否妥善面对来自一个意想不到的

---

① Manu,古印度神话中的人类之祖,相传也是印度第一部法律《摩奴法典》的作者。
② Yagnavalkya,古印度的大仙人,据说是《百道梵书》的作者。
③ 与《罗摩衍那》并称为印度两大史诗,《摩诃婆罗多》成书于印度史诗时期(公元前4世纪到公元4世纪之间),有1200多万字,《薄伽梵歌》是其中的著名诗篇。

逆反和迫害。一切就这样发生了。到举行葬礼①的时候，我的父亲作为长子，不得不带头参加仪式。但是我们所有的家庭仪式都与偶像崇拜的象征交织在一起。要做什么？"梵之盟誓"强加给他的义务是拒斥所有拜偶像的仪式。然而，他父亲的葬礼给他带来了巨大的压力。拉达坎塔·德芙大公的建议是，他应该"严格按照规定的仪礼执行施拉达仪式"。但马哈希是坚定的。"我接受了梵主义，"他说，"我不能做任何与我的誓言相冲突的事情。但你可以放心，我不会做任何未经我们最高当局批准的事情。""不，不，"大公说，"那不行。那是违反习俗的。照我说的做，一切都会好起来的。"我父亲与他的兄弟吉林德拉纳特商议。但我叔叔吉林德拉倾向于妥协。"如果我们违背习俗，"他指出，"我们自己的亲人就会抛弃我们。"我的父亲就这样孤身一人，但他坚定而最终取得胜利。他拒绝参加任何在他看来是偶像崇拜的仪式，并按照他自己为这个场合准备的仪轨执行施拉达，其中保留了所有规定的吠陀文本。这一改革措施引起了他的正统亲戚和朋友们的强烈反对，并在家庭中造成了永久性的裂痕。这是一个严重的损失，但相比之下收益则更大。我父亲写道：

我的朋友和亲戚离弃了我，但我的神明用他的祝福接纳了我。我的良心对正道的胜利感到满意。我还想要什么？

我的祖父德瓦卡纳特·泰戈尔死于负债累累。在他去世时，人们发现他的负债约为 1000 万卢比（超过 666000 英镑），而他的资产仅为 430 万卢比（少于 300000 英镑）。为了维持他如同王室般的尊贵地位，德瓦卡纳特·泰戈尔显然以他公司的名义承担了沉重的债务，

---

① 此处葬礼指的是下葬时的施拉达仪式（Shraddha），宗教性很强，且包含偶像崇拜的内容。

同时为了他的家人的利益，以信托的形式确保了他的一部分财产。（在其死后）公司经理 D.M. 戈登先生召集了债权人会议，并通知他们公司的所有人准备将所拥有的全部财产都交给债权人，除了没有人可以触碰的信托财产。债权人自己在提出建议时似乎倾向于接受这一提议；但它并不符合我父亲的正义感。他与他的兄弟进行了简短的协商，并宣布他们不会利用信托提供的保护，而是将一切都毫无保留地交给债权人，直到他们所有的沉重债务都清偿为止，这让每个人都感到惊讶。债权人深受感动，据记载，其中一位债权人在会上流下了眼泪。达成了这样一项安排，债权人负责财产，并允许失去亲人的儿子获得每年 25000 卢比（约 1600 英镑）的生活津贴。我父亲在意识到债权人也公平对待了他时非常高兴，他回家时对他的兄弟吉林德拉说，他们通过放弃他们拥有的所有东西来演示了什么是维施瓦吉·塔加仪式①。我父亲写道：

"我所希望的实现了。我想放弃世界，世界自然而然地离开了我。多么难得的巧合！我曾向我的神明祈祷，'除了你，我别无所求'，而主以他的怜悯应允了我的祈祷。他带走了我的一切，向我显明了自己。我心中的愿望，一字不差地实现了。"

然而，债权人并没有长期继续持有清债所获得的财产。他们深信我父亲的真诚意图，因此两年后他们将庄园交给他管理，他也恢复了对它的控制。他花了数年的时间来还清复合债务，但通过明智的管理和典范般的自我节制，他最终成功地做到了还完最后一分钱。他不仅仅在他父亲的债务问题上一丝不苟。德瓦卡纳特·泰戈尔在他的慈善

---

① Vishvajit Tajna，一种弃绝俗世财产的仪式。

事业中大有作为，在他去世时，一些慷慨的金钱援助承诺仍未兑现。我父亲承担了所有这些义务，一次，在处理其父向加尔各答地区慈善协会承诺10万卢比（约6666英镑）的事宜时，据说他不仅支付了全部捐赠，还支付了自承诺之日起产生的利息。

自从接受了梵信仰以来，我父亲经常旅行。他定下规矩，每年杜尔迦法会的时间一到，他就外出巡游，以使自己远离那些在他的家庭圈子里仍然坚持和实行的偶像仪式。他没有权力去废除这些，只能敬而远之。就这样，他走遍了印度的各个地方。撇开他在孟加拉国访问过的无数地方不谈，他去过的地方还包括拉合尔（Lahore）、木尔坦（Multan）、阿姆利则（Amritsar）和仰光（Rangoon），他在这些地方布道和宣扬梵教义，并在可行的地方建立梵社。1856年，他第一次踏上喜马拉雅山，在那里他听到了注定要决定他未来道路的呼唤。他在西姆拉山附近的群山中度过了一年半的时间，专注于深入的研究和沉思，在印度反英暴动之后不久回到加尔各答，这时他是一个重生的灵魂，充满了热情，立志传播他所找到的神圣宗教。就在那段时间，他在一系列布道中倾诉了他的灵性话语，他往往即兴在讲台上发表这些，给与会听众留下了深刻的印象。这些布道被我和其他人以书面形式记录下来，并最终出版在一本名为《梵法正义释明》(*Brahma Bharma Vyakhyan*)或《梵法正义的传扬》(*Exposition of the Brdhma Dharma*)的书中。

当我父亲从喜马拉雅山返回，并重新在梵社开始工作时，自述就在此中断了。事实上，直到最后一章，此书几乎没有让我们了解到他除了作为宗教改革者以外的职业生涯。19世纪50年代初，无论是在我父亲的生活中，还是在梵社的历史中，都不是一个多事的时期。他们致力于安静的建设和巩固工作。第二个动荡时期可以说是从1859年开始的，那是在我父亲从西姆拉回来后不久。此时发生了一件注定要在会社内激起一场大革命的事件。这件事就是克沙布·钱德拉·孙（Keshab Chandra Sen）进入梵兄弟会的行列。克沙布与我父亲相识的直接原因是他急于听到我父亲马哈希的建议，即有关是否应该按照他祖先的悠久习俗，从他的家族供奉的上师那里接受真言咒语并依次修行。我记得很清楚，我当时带他去见我父亲。他提出的问题是，他是否应当遵守那个习俗？这个问题，经过一番讨论，答案是否定的，他决定拒绝这么做。克沙布的这一行为以及随后的叛逆举止导致了他与家人长辈之间的关系严重破裂。事情发展到这样一个阶段，克沙布和他的妻子被迫离开自己家，在我们家避难了一段时间（那时是1862年）。

我父亲对年轻的克沙布的认真态度和工作能力感到非常震惊，并立即接受他为朋友和助理。他们之间产生了深厚而持久的友谊。"50岁的成熟男人加入了23岁热心青年的行列，他们都一致地以前所未有的快乐和热情工作"。此后，他们开始共同规划并采取了几项重要的措施来改善梵社。最值得一提的是梵学社的建立。这是一个神学院，他们两人都用孟加拉语和英语就宗教主题在此开展讲座。1862年，我父亲任命克沙布为会社的部长，并授予他"梵难陀（Brahmananda）"的称号。从那时起，我的父亲被称为会社的首席部长。

但这种和谐并没有持续多久。两人的气质终究差异太大，无法长期合作。我父亲虽然是偶像崇拜的坚定敌人，但他本质上是保守的。在努力复兴奥义书的崇高有神论的同时，他并没有准备好采取措施,去颠覆现代印度教义下的整体社会结构。他所怀有的理想与当时大部分受过教育的年轻人的理想大相径庭。对他来说,古印度是纯净道德和宗教的摇篮。他比现代任何人都更具有古代圣贤的真正精神。令人奇异的是,《希伯来语经卷》作为宗教灵感的源泉被我父亲视为是异国的、非本土的。他从未引用过希伯来经典,我们在他的布道中也找不到任何对基督或造物主教导的暗示。对他来说,印度经典就足够了。他的宗教在起源和表达上是印度的,在思想和精神上都是印度的。已故的普拉塔普·钱德拉·莫宗达尔牧师在一篇文章中写道:

"即使是对于最拘谨的福音派来说,希伯来经典也没有比奥义书对马哈希·德温德拉纳特更大的权威和启发。这些奥义书滋养并深刻了他的全部认知与实践。"

奥义书的梵就是他所崇拜的神,而梵社的名字正是来源于梵。人类灵魂与至尊圣灵的直接交流是他教义中最突出的一点。没有大师或先知横亘在我们的灵魂和我们的造物主之间。我们面对面地看到他,并在我们良心的最深处听到他的声音。相比较于耶稣基督的神性,基督是人类中唯一与神的中介和救世主,这样的教义与他严格的一神论相悖。在社会改革方面,他倾向于采取缓慢而谨慎的政策,推崇和平调解的政策;他赞成将真正需要的改革留待漫长时间里的潜移默化,以及纯粹宗教教义的影响。

另一方面,克沙布是一个更特征明显的改革者。尽管多年来他一直侧身于马哈希的足下,但他终于无法再与马哈希的保守主义合作了。不同族群种姓通婚、寡妇再婚、废除种姓待遇差别,所有这些激进改革的问题都开始摆在桌面讨论。在这些问题上,我父亲似乎在他的保守主义允许的范围内屈服了,但当他认为克沙布的门徒走得太远时，他惊恐地退缩了。除此之外，两者之间还有其他差异。正如我所说，我的父亲在他的宗教理想中具有强烈的民族性，而克沙布的观点则更加国际化。虽然没有完全去民族化，但他所受的训练和教育更适合吸收西方的思想和文明。事实上，他的整个性格都是由西方文化和基督教影响塑造的。他从《新约》中汲取了大部分精神储备，并习惯性地以一种使他的传教士朋友们坚信他会皈依他们信仰的方式来谈论耶稣基督。对于耶稣基督、欧洲和亚洲，克沙布在1865年4月的一次演讲中说道：

"我对耶稣的品格，以及他所教导和实践的道德真理的崇高理想怀有最深切的敬意。在基督教中，我们不仅看到了普遍人性的崇高，而且也看到了亚洲人所独有的高贵品质。因此，对我们亚洲人来说，基督是在两方面都是极为有趣的，他的宗教值得我们特别尊重。因此，在基督教中，欧洲和亚洲、东方和西方，都可以学着找到和谐与统一。"

这些话虽然是在分道扬镳之后说出的，但足以表明他对基督教的态度，与我父亲的态度形成鲜明对比。两种性情与对立的理想之间的斗争，注定会以瓦解而告终，事情很快就会陷入危机。

人们普遍认为，破裂的直接原因是克沙布反对在梵社中进行神圣事业的人佩戴圣线①。起初，我父亲倾向于让步，甚至让克沙布的两个放弃了婆罗门圣线的朋友，来担任部长一职，代替拒绝服从这一改革提议的老部长们。但在深思熟虑之后，也许是回想起对那些为会

---

① 圣线礼是印度教传统仪式之一，在本书写作之时还仅限于上等种姓（主要是婆罗门）参与，参与者在手腕或脖颈处佩戴圣线，象征净化、重生以及祈求神明保佑与祝福。

社受尽苦难的老部长们有所亏欠,并希望同时保留和协调会社中的保守和进步元素,我父亲改变了主意,那些佩戴圣线的旧部长们重新被任命。

两个不同种姓的人之间的通婚进一步扩大了两党之间的裂痕,克沙布在1863年见证了这场婚礼。这是一项激进的改革,我父亲不准备接受,他担心这会激起整个印度教社区的反对情绪。一段时间以来,社员讨论了在同一所宗教会社,两派人分开进行单独礼拜的提议,但无疾而终。完全断绝关系似乎是唯一的解决办法。一些年轻人很快从会社中脱离出来,但克沙布则坚持了更长的时间。首席部长和梵难陀之间的互爱延缓了这场灾难。但由于两者之间不可能妥协,因此分离是不可避免的。

1865年2月,克沙布最终退出了母会社;次年,他给我父亲寄去了离别信,并建立了"印度梵社"。在与克沙布一派分道扬镳时,我父亲给他自己的会社取名为"第一梵社"。

梵社历史上的这个重要阶段,自述中没有涉及。毫无疑问,如果自述能一直延续到上文所述的分裂达到顶峰时期才收尾,并充分揭示导致分裂的原因、揭示我父亲在事件发生时的内心挣扎,那将会是一件极有意思和价值的事。不过,虽然我父亲留下的文字并不完整,但当时两位领导人之间传递的信件,以及随后试图弥合两个宗教组织之间分歧的信件,都为这场论争提供了大量的线索。我认为,这些后续材料充分证实了我对上述情况的看法。我父亲的工作自始至终都是建设性的,而不是破坏性的。他是一个建设者,而不是一个推倒重来者。我重复一遍,他不赞成任何革命性的改革措施,因为这些措施可能会导致他的同胞在整体上与梵社永久地变得疏远,从而为传播和接受宗教设置障碍（见附录 B）。在他看来，用有神论崇拜代替盛行的偶像崇拜，是比仅仅改变社会制度或习俗更为虔诚的愿望。可以从他的著作中感受到他是多么强烈地认可这一点。在一篇名为《我在梵社的 25 年经历》的文章中，他说：

"在印度历 1765 年①保夏月的 7 号，我们宣誓接受梵誓约。那天，我在会社的部长拉玛钱德拉·维迪亚瓦吉什面前立下了誓约。从那时起，每年当我家里庆祝杜尔迦法会②时，我都出去旅行，避开偶像崇拜活动的参与。在我的旅途中，我有多少次含着泪向我的神明祈祷，希望有一天我们家中会废除拜偶像的仪式，从而开始对无限之真神的崇拜。"

在克沙布和他的追随者们切断了与梵社的联系后，又过了一段时间，他决定召开一次会议，以决议如何能最好地将他的党派巩固为一个紧凑的宗教协会。这次会议于 1866 年 11 月在齐特普路的大都会学院大楼举行。会议出席人数众多。会议以敬拜开场，仪式中包括一些赞美诗，以及从基督徒、印度教徒、回教徒、帕西人和中国人的著作中摘录的经文的朗诵。引入这项非凡的创新是为了展示拟创建的宗教协会的普遍性和天主教性质，正如会议上一致通过的决议所显示的那样。会议上一致通过的决议如下：

1. 建立一个名为"印度梵社"的协会。
2. 本协会有义务维护其宗教的纯洁性和普遍性。

---

① 公元 1843 年。
② 崇拜杜尔迦女神的法会，一般在传统节日——10 月初的杜尔迦节举行，是一种偶像崇拜仪式；杜尔迦又称难近母、降魔女神，是主神湿婆之妻的化身形象之一，好斗，是性力派崇拜的主要神明。

3. 信奉梵主义基本原则的男女皆可成为会员。

4. 本协会制定的箴言、格言，来自从所有国家的宗教著作中收集和出版的内容，只要它们与梵主义的原则一致。

5. 感谢德温德拉纳特·泰戈尔对促进宗教进步的热情和努力。

在 1868 年 1 月 23 日（印度历玛格哈月 11 日），这一天正是第一梵社三十八周年庆举办的日子，印度梵社的基石奠基了。并且在次年即 1869 年 8 月，敬梵圣殿也在马秋亚集市大道边竖立起来。就这样，在无数无须言说的挣扎过后，克沙布对于团结一致和巩固分离派的努力终于取得成效。他一边带着不知疲倦的热情和无可动摇的奉献精神为他自己的宗教协会工作；另一边，令人惊喜的是，克沙布如今也对第一梵社心怀感激，并且一直渴望能在两个会社中建立一项共存协议（modus vivendi）。他甚至已起草了一份有关该项目的规划，并且呈给了我父亲以取得同意。但是不知为何最终他在这个方向上的努力付之东流。不过，他仍然无比珍视对我父亲最高的敬重与看待，而我父亲也把他当作自己孩子一般看待，甚至更加亲密。梵社的分离并没有使他们之间的友谊与亲密关系变化半分。

印度新宗教协会的成立推动了许多传教事业，克沙布最忠诚和最杰出的追随者之一普拉塔普·钱德拉·马宗达被选中在印度南部进行传教工作，在那里，通过他的努力，梵社得以在马德拉斯市成立。后来，普拉塔普·钱德拉高举有神论的旗帜横渡大西洋，使我们在西方的一神论弟兄也深受影响，并成功地使我们在事业中获得了他们的同情并达成了合作。克沙布本人在孟买和印度北部传教。另一位传教士阿格霍纳特·古普塔艰难地穿越了阿萨姆邦人迹罕至的森林，并在粗鲁和迷信的人们中成功地传道。

在建立了他的教会之后，克沙布，就像梵社的创始人一样，将他的思维转向西方，并于1870年初启航前往英国，在那里他受到了热烈的欢迎。他在英格兰的逗留是"接连不断的胜利"。已故的维多利亚女王陛下知道他在印度拥有极大美名，慷慨地将他奉为座上宾，这在他心中留下了不可磨灭的印象。他令人折服的举止、有说服力的口才和卓越的才华造诣给英国公众留下了非常好的印象，并且，他获得了尽可能地与每一位名流学者及贵族交流的机会，从中受益良多。此外，他很幸运与著名的梵文学者马克思·穆勒[①]教授建立了充满友谊而亲密的关系，穆勒教授在他的传记散文中为我们描绘了克沙布的生平和工作。

"'克沙布回到印度后，'科莱小姐在她的梵社历史记录中说，'他立即开始将他在英国新接触到一些想法付诸实践，并成立了他所谓的印度改革协会。这个机构的核心取自他自己的宗教协会，但宣称向所有阶级、种族和信仰开放，机构成员将联合起来促进印度人民的社会和道德改革'"。

该协会分为五个分支机构，即女性权益促进、教育、文学推广、节制和慈善。第一部分是为希望自学或接受培训以教导他人的女士开设女子师范和成人学校。师范学校早已关闭，但克沙布的维多利亚女子学院，附设一所女童学校历经沧桑，一直延续至今。正是在这个时候，克沙布和他的追随者们建立了他们的庇护所，称为巴拉特修道

[①] Max Muller，19世纪德国著名宗教家、语言学家，被誉为"西方宗教学第一人"；在他的主持下，西方学者在19世纪中后期开始大量接触和翻译东方宗教与哲学文献，穆勒本人翻译了《梨俱吠陀》，著有《宗教学导论》《比较神话学》《印度六派哲学》等。

院。工业学院、夜校和其他慈善实验项目紧随其后,但在一次尝试做这么多的过程中,失败和失望是不可避免的。克沙布职业生涯中最重要的一步是他基于专家医学意见确定了印度女性结婚的适当和最低年龄,并在1872年推动第三法案的通过使婆罗门婚①合法化。

克沙布·钱德拉现在似乎已经达到他野心的顶峰。他最美好的期望实现了。他身边围绕着一群忠诚的追随者,其中一些人以盲目的非理性信仰将他崇拜为阿凡达②。他前进道路上的一切似乎都在向他微笑,一片广阔的用武之地和改革空间展现在他面前。突然,一朵黑云出现在地平线上。这件事就是他的女儿与库赫比哈尔大君③的婚姻。我不打算在这里赘述随之而来的巨大争议。只需说明的是,那时候他的大量追随者强烈反对他的这一行为,而他自己认为这是人生中合适的下一步,这次婚姻演变成了会社进一步分裂的契机。1878年3月22日星期四,印度梵社成员在梵圣殿召开了一次大型会议,会议同意圣殿部长克沙布·钱德拉·孙支持其女儿早婚,并允许那次婚姻上出现的偶像崇拜仪式,这违反了他自己和印度梵社所共同遵守的原则。因此,会议决定"他不适合继续担任部长职务"。这次反对的结果是成立了第三个分支,称为萨达兰梵社。新会社的这一部分成员包括阿南达·莫汉·波什、K.G.笈多、湿婆纳特·沙斯特里、P.K.雷伊

---

① Brahma marriage,古印度婚礼分为梵式、天神式、仙人式、生主式、阿修罗式、乾达婆式、罗刹式、毕舍遮式,其中前四种被认为是适宜婆罗门的婚礼形式,没有彩礼嫁妆和其他附带条件的强制要求,更接近神明之间以灵魂相交的爱恋;此处婆罗门婚可以理解为是相对文明的婚姻方式。
② Avatar,即神明的化身。
③ maharajas,与raja类似,是封建领主、王族的称谓,在近现代逐渐演变成一种对地位的尊称。

博士、萨西帕达·班纳吉等杰出人士。

萨达兰梵社这个名字意义重大，因为就像萨达兰一词所展示的那样，其表明会社已经发展为基于民主原则的宗教协会。

克沙布神学发展的最后阶段是"新条约"的形成。1881年，克沙布宣布了这一条约，除了从我们自己的和其他宗教制度中采用的一些教条和仪式外，还强调了所有宗教的根本统一。它的信条，正如它的创始人所提出的一样，简而言之就是：

所有圣书、所有圣徒和所有教派间的和谐。

理性与信仰、奉献与责任、瑜伽与奉爱间的和谐。

教会敬拜无上真神。没有偶像崇拜。

教会向普世兄弟（姐妹）们开放。没有种姓或宗派主义。

以下是《纳瓦本集》中摘录的新条约信条：

我接受并尊重圣书，因为它们记录了受启发的天才的智慧、奉献和虔诚，以及神明如何授意人们得到救赎，其中记录的精神是神明的，但文字是人的。

我接受并崇敬世上的先知和圣徒，因为他们体现和反映了神圣品格的不同侧面，并为引导世人、修行成圣提出了更高的精神目标。

我的信条是启迪一切的上帝的科学。我的福音是拯救所有人的神明的爱。我的天堂是所有人都可进的神明的生命之海。我的教会是神明那无形的国度，其中充满了真理、爱和圣洁。

梵社中的分裂被一些人谴责为会削弱印度有神论的事业，但它也可能被解释为某种意义上的好事。马克思·穆勒教授对会社的分裂提出了较为光明且充满希望的观点，正如以下段落所示：

"如果我们将印度梵社与旧的第一梵社的分离，以及萨达兰梵社与印度梵社的分离称为"大分裂",我们似乎是在用我们惯用的词来谴责这些事件。但在我看来,这三个会社似乎是一棵生机勃勃的树的三个分枝,这棵树是拉莫汉·罗伊种下的。它们以不同的方式服务于相同的目的;我相信,他们都在帮助实现印度新宗教的梦想,这也可能是整个世界的梦想——一个摆脱了过去腐朽的宗教,这些陈规陋习在过去被称为偶像崇拜、种姓或言语灵感,或神职;并且他们坚定地建立在对唯一真神的信仰之上,在《吠陀经》中相同,在《旧约》中相同,在《新约》中相同,在《古兰经》中相同,在那些不再拥有吠陀或奥义书或任何与神明相联结的圣书的心灵中也相同。这条溪流还很小,但它是一条活的溪流。它可能会消失一段时间,它可能会改变它的名字并遵循我们尚不知道的新路径。但是,如果印度要出现一种新的宗教,我相信,它的生命线将归功于拉莫汉·罗伊和他的可敬弟子德温德拉纳特·泰戈尔和克沙布·钱德拉·孙的宽广心胸。"

自与克沙布分道扬镳后,我父亲几乎从梵社的繁忙工作中退休了。他培训了部长们为自己的会社服务,并任命了一个委员会来管理其事务。然而,他继续密切关注会社的事务,一切都是从他的学识出发,并且在他的建议、指导下完成的。对于他自己,他现在感受到另一使命的召唤。那个召唤是让自己从世界的喧嚣和忙碌中抽身出来,来安度与他的神明相交的日子。有个人说得好,"真正圣贤的生活,就是在俗世面前、俗世之中并最终在俗世之外生活;他浑身散发出温和的光芒,走到神明本尊的面前。借此,他成了所有宗教组织的首脑,并成了所有印度人的马哈希(圣人)"。

我父亲多年前在桦树区的柏普尔建造了一个隐居处,他称之为"珊迪·倪克坦"或"和平之家"。在这里,他有房子、花园、礼拜堂、图书馆，以及服务于退休和学习的所有便利设施。在他年轻的时候，他经常在这里与他最喜欢的弟子一起冥想和祈祷，并招待参观隐居处的朝圣者。珊迪·倪克坦及其所有土地以及附属物已通过信托契约奉献给公众，满足有神论信仰的用途，每年保夏月7日都会在那里举行大壶节①。

从他退休到去世，中间历经数年。这一时期的部分时间他是在旅行中度过的，他或在喜马拉雅山，或在恒河岸边的钦苏拉，最后在加尔各答。有一段时间，我父亲住在公园街的一间独栋房子里，但他最终还是在乔拉桑科的祖屋安顿下来。

在1902年后期，马哈希的健康状况恶化，此后他一直在生病。在生命的最后几个月里，他的身体饱受摧残、几经绝望，但他的顽强意志却屡次战胜了死亡。在他最后的日子里，他最喜欢的一段哈菲兹诗句总是挂在他的嘴边：

"钟声在响。我听到了召唤，准备带着我所有的行李离开。"

终于，他听到了召唤，并于1905年1月19日星期四下午1时55分在他位于加尔各答的家中悄然离世；直到最后一刻他几乎都是清醒的，周围环绕着他悲伤的子孙。

我已故的朋友阿南达·莫汉·波什在收到他去世的消息后，在一封信中如此谈到了他：

"（代温是）德瓦卡纳特·泰戈尔的儿子，并且我相信他也是英属印度协会的第一任秘书，他可能早在此之前就已经是一位身份尊贵的

---

① Mela，又称为圣水沐浴节，是印度教最大的集会节日，节庆期间印度教众会在恒河施洗。

大君①了。但他选择了更为高尚的道路。大君马哈希死了,但圣人马哈希活了——活在那些尚未出生的几代人的感恩之心中。"

最后,我想谈一谈与梵社的历史和发展有关的一两个其他事项,这些事项在前面的概述中没有提到。我父亲从山上回来后引入的最重要的改革是阿努什丁·帕蒂,或称梵仪式,旨在规范当今我们人民中遵守的家庭教条和仪式。

多年来,尽管最初的追随者热情高涨,梵法仍然只是一种冷漠的、知识性的信条。它对实际生活的影响几乎为零。梵誓约约束每一个梵修士放弃以偶像符号的形式来崇拜神明,在大多数情况下,誓约是在被违反而不是在被遵守中得到更多的尊重。许多梵修士因此不得不过着背信弃义的生活,被迫遵守他良心所不同意的社会习俗。一个例外是马哈希父亲葬礼上的施拉达仪式,马哈希坚持体现了"梵之盟誓"中的一神论原则。第二个是他女儿苏库玛丽的婚礼,苏库玛丽是我的二姐,这场婚礼上没有任何崇拜偶像的仪式,此时是1861年,马哈希刚从西姆拉回来。可以说,这项仪礼上的创新为梵社的历史开辟了一个新纪元。我们的亲戚对这种新的非主流规定感到非常痛苦。此外,修改后的仪式的合法性并非完全没有疑问。但面对这些挫折,改革后的婚姻形式在梵修士社区的极大热情和喜悦中得到了祝福。

然而,这些改革的做法仅限于一两个梵信仰家庭中,有必要做一些事情来将它们推广到普遍的梵信仰社区。因此,我父亲开始着手制定一个完整的仪式流程,以原始吠陀、非偶像崇拜的形式体现所有印度教家庭仪式。印度教社会生活的每个重要阶段都有自己的圣礼。在

---

① maharaja,与前同。

《家宅经》、摩奴和其他权威所规定的十二种家庭祭礼或圣礼仪式中，圣礼从受胎礼（Garbhadhan）或受孕仪式开始，到结婚礼（Vivaha）或婚姻仪式结束，最重要的是入法礼（Upanayan），或称圣线礼，和婚礼。授予圣线的仪式就像基督教的洗礼仪式一样，被视为灵魂的新生或重生。婚姻是第十二个也是最后一个家庭祭礼。当学徒完成学业后，他进入第二个生命阶段，结婚并成为一家之主。婚姻是所有人都应尽的宗教义务。除了这些家庭祭礼，还有安捷什提，即葬礼仪式，和施拉达仪式，包括对死者的敬意和祈祷。

在《梵仪式》中，可以看到正统仪式的非吠陀部分可以与有神论原则保持一致，也因此被保留了；同时，也有一些根据现代生活的迫切需要而进行的修改。

例如，在入法礼或者说圣线仪式中，传授圣线、乞求施舍、学徒/学生接受上师的指示——这些和其他仪礼是仪式的重要组成部分，都被保留了。授线后，学生灌输了神圣的伽耶特里。伽耶特里是一个古老的、世代相传的吠陀真言咒语；通过这一仪式，学徒生活的职责也深深地印在了他的身上。

就婚姻而言，区别新旧仪式的现有做法的唯一重要区别是省略了沙利格拉姆和霍玛仪式①，它们构成了普通印度教婚姻的一个显著特征。婚嫁礼（Kanyadan）的仪式，或者说娘家送走新娘的过程，以及行足礼（Saptapadi）的仪式，就是已婚夫妇一起走七步，都在改革后的仪式中保持原样，也不违反印度教法律中关于血缘、禁止氏族间和种姓间婚姻的任何规定。

---

① 膜拜偶像的仪式。

一段时间以来，第一梵社的梵修士一直在努力争取制定正式的立法法案，使婆罗门婚合法化。但经过进一步考虑，他们放弃了这一尝试，因为他们被告知按照第一梵社形式举行的婚礼与根据立法规定举行的婚礼一样有效。因此，在克沙布·钱德拉·孙的情况下，政府想要通过一项适用于整个梵信仰社区的婚姻法，此婚姻法要求希望结婚的当事人到婆罗门婚姻登记员面前，并由他登记他们的婚姻。第一梵社的成员认为自己与社区里其他人一样是印度教徒，因此向政府申请豁免拟议法案。由于他们的强烈反对，1872年的《婚姻法》以目前的形式获得通过，考虑到那些不信奉任何公认宗教形式的人的福祉。1872年《婚姻法》的通过被克沙布和他的政党称赞为标志性的胜利，但第一梵社的成员并没有这种感觉，因为他们不受其条款的影响。目前，梵社的所有部分，除第一梵社外，在对《婚姻法》的宗教要求做出否定声明后，都按照该法案的形式来登记婚姻；而第一梵社则遵循自己的仪式，无须注册。我父亲强烈反对按照该法案的要求进行登记，并且从不怀疑在神明面前举行的婚礼的有效性。

我父亲去世前几年，他完成了他的自述；完成后，他将其委托给他最喜欢的弟子普里亚纳特·沙斯特里出版，并授予他孟加拉语版本的全部版权权益。以原始孟加拉语以外的语言进行翻译和出版的权利，则由我和我的兄弟拉宾德拉纳特·泰戈尔共同获得。虽然他生前曾反对出版，但经他人劝其慎重考虑后不再反对，该书在他去世前不久得以出版，并附有附录形式的某些补充信函材料。

自述不包含任何激动人心的冒险或任何耸人听闻的事件。它的价值在于它记录了一个高尚的灵魂与早期个人的精神感通、世俗传统以及家庭关系所做的精神斗争——一个灵魂努力从空洞的偶像崇拜仪式上升到对独一永生神明的真正崇拜的斗争。这一永恒的唯一真神，即是奥义书中记载的梵，他是运作宇宙的力量，司创造、维持和毁灭，他是那在无魂世界和人类灵魂中显明自身的永恒的精神。总而言之，这本自述记录了充满光明的一生，它为更多的光明而奋斗，并在周围散发出它的光彩。不管原文中令人信服的措辞在翻译中可能遭受多大的影响，我冒昧地希望，这种对神明真实且第一手的直接见证可能对信徒和哲学家有所帮助和启发。

我的女儿英迪拉·德维帮助我完成了翻译工作，考虑到东西方思维模式的分歧，她试图使其尽可能忠于原意和直截了当。

萨蒂恩德拉纳特·泰戈尔

1908 年 10 月 20 日

巴利甘杰，加尔各答

目 录

第一章 \ 001

第二章 \ 004

第三章 \ 007

第四章 \ 011

第五章 \ 015

第六章 \ 020

第七章 \ 025

第八章 \ 028

第九章 \ 031

第十章 \ 035

第十一章 \ 040

第十二章 \ 044

第十三章 \ 046

第十四章 \ 049

第十五章 \ 056

第十六章 \ 062

第十七章 \ 065

第十八章 \ 071

第十九章 \ 075

第二十章 \ 080

第二十一章 \ 084

第二十二章 \ 089

第二十三章 \ 095

第二十四章 \ 101

第二十五章 \ 104

第二十六章 \ 107

第二十七章 \ 112

第二十八章 \ 116

第二十九章 \ 119

第三十章 \ 121

第三十一章 \ 125

第三十二章 \ 131

第三十三章 \ 136

第三十四章 \ 139

第三十五章 \ 144

第三十六章 \ 152

第三十七章 \ 156

第三十八章 \ 160

第三十九章 \ 164

附录 B \ 168

第一章

我的祖母非常喜欢我。对我来说,她就是我童年时的一切。我在她身旁坐卧、吃饭。每次她去迦梨神庙时我都陪着她。当她离开我去贾格纳特-克舍特拉①和布林达班②时,我忍不住痛哭流涕。她是一个虔诚的宗教女性。每天一大早,她就在恒河里洗澡;每天她都亲手为沙利格拉姆③编织花环。有时她会发誓崇拜太阳,从日出到日落整日向太阳献上贡品。在这些场合,我也曾陪伴她一起在露台上晒太阳,并且不断地听到祖母反复念诵着太阳崇拜的咒语。因此,这些咒语很快对我来说变得很熟悉。

"我敬礼白日的使者,红如爪哇花:

迦叶巴的光辉之子,

黑暗的敌人,

一切罪孽的毁灭者。"

其他时候,迪迪玛④曾经举办过哈里巴萨节,整个晚上都有卡塔

---

① Jagannath Kshetra,位于普里的贾格纳特神庙。
② Brindaban,著名朝圣地。
③ Shaligram,毗湿奴的化身之一。
④ Didima,指祖母。

和基尔坦①，他们的噪声让我们无法入睡。

祖母以前照顾着全家，大部分工作都是由她自己来动手做的。由于她杰出的家务技巧，所有的家务活都在她的指导下顺利进行。大家都吃完饭之后，她就吃点自己做的饭菜。我也尝了她的哈维施亚纳②。而且我觉得她的这种圣餐比她为我准备的食物更合我的口味。她长相可爱，工作娴熟，宗教信仰坚定。但她不喜欢马沟桑/马沟桑公主③的频繁来访。在某种程度上祖母由着她自己的想法，但同时这又伴随着她对宗教盲目的信仰。我过去常常陪她去我们家的老房子看家族供奉的偶像，但并没有离开她去外面的公寓看看。我会坐在她的腿上，从窗户静静地看着一切。现在我的迪迪玛已经不在了。但经过如此之久的追寻，我现在找到了"迪迪玛"，并且这也是属于她的"迪迪玛"；现在，我正坐在她的腿上，观看这个世界的盛会。

在她去世前几天，迪迪玛对我说："我会把我所有的都给你，不会给别人。"不久之后，她给了我她盒子的钥匙。我打开它，发现了一些卢比和金币，于是我就告诉每个人我有"穆迪-穆奇"④。印度历1757年⑤，当迪迪玛临终时，我父亲已经外出去阿拉哈巴德旅行了。外婆来了，说不要再把病人关在屋子里了；于是他们把我的祖母带到了户外，想把她带到恒河边。但是迪迪玛还想活下去；她不想去恒河。她说："如果德瓦卡纳特一直在家，你就永远没法带我走。"但

---

① Katha and Kirtan，礼拜和颂圣歌声。
② havishyanna，一种煮出来的菜饭混合物，通常认为是修行者的餐食。
③ 毗湿奴派的女祭司。
④ mudi-mudki，用米烤干加糖制成的小吃，呈白色或金色。
⑤ 公元1835年。

他们不听她的，抬着她往河边走去。她说："既然你违背我的意愿带我去恒河，我也会给你制造很大的麻烦，我不会就这样马上死去的。"她被关在恒河岸边的一个棚子里，在那里停留了三个晚上。在此期间，我总是在河边陪伴着她。

在迪迪玛去世的前一天晚上，我坐在尼姆托拉河岸靠近棚子的一张粗糙的垫子上。那是月圆之夜；皓月当空，灼热燃烧着的大地仿佛在不断迫近。他们正在向迪迪玛唱诵圣主之名：

会不会有这样一天，在说出哈里之名时，生命也随之离开？

伴随着夜风，声音微弱地传到我的耳朵里。就在此时此刻，一种对万物不真实的奇异感觉突然涌入了我的脑海。我好像不再是同一个人了。我内心突然对物质财富产生了作呕般强烈的厌恶。我坐的那张粗筵席似乎对我来说再合适不过，而地毯和昂贵的铺盖似乎令人生厌。我的脑海中唤醒了一种从未有过的喜悦。那年我18岁。

第二章

到目前为止，我一直沉溺在奢华和欲望的生活中。我从来没有寻求过灵性上的真理。什么是宗教？什么是神？我什么都不知道，什么都没学到。我的脑海里几乎无法容纳我在燃烧的河滩上所体验到的那种超凡脱俗的快乐，这种快乐竟是如此简单和自然。语言在各方面都太过薄弱以至无法达意：我怎样才能让别人理解我所感受到的快乐？这是一种自发的快乐，没有人可以通过论证或逻辑来获得。神会寻找机会显现自身。他已经在适当的时候向我证实了这一点。谁说没有神？我的经历足以证明他的存在。但我没有为此做好准备，我该从哪里得到这种喜悦？

带着这种喜悦和断舍的心境，我半夜才回到家。那天晚上我辗转反侧、无法入眠。正是这种幸福的心态使我一直清醒。整个晚上，我的心都洋溢着喜悦的月光。天一亮，我又到河边去看迪迪玛。

当我到河边时，迪迪玛正处于生死的边缘。他们把她抬进恒河里，大声喊着："敬拜至高梵！①"在这喊声中，迪迪玛咽了最后一口气。我走近一看，她的手放在胸前，无名指朝上。手指转来转去，喊

---

① 原文为"Ganga Narayan Brahma"，是祈祷神明的话语。

着"以哈里之名！[①]",进入来世。这景象在我看来，是她在临终时用抬起的手指向我指出："那就是神，也是来世。"就像迪迪玛是我这一生的朋友一样，她也是通往来生世界的向导。

她的葬礼[②]盛况空前。我们用油和姜黄涂抹自己，然后在恒河岸边放好了她的葬礼祭品[③]。置办葬礼的几天里，我在兴奋和困惑中度过。然后我试图重现迪迪玛死前那晚的喜悦体验。但我再也没有体会到。此时我的心境转为一种持续的沮丧和对世界的冷漠。那天晚上，漠然与喜悦相伴而生。现在，在没有那种喜悦的情况下，我的内心深处只充满了忧郁。

《薄伽梵歌》中有一个故事，可能与我的情况类似。南都是这样对广博仙人介绍自己的。前世，我是某位圣贤的婢女之子。雨季时，有许多圣徒到那位大师的隐居处避难。我曾负责管理他们的需求。随着时间的推移，神圣的智慧降临在我身上，而我的内心充满了对哈里的一心一意的奉献。然后，当那些圣徒们即将离开隐修所时，出于好心，他们教给我哲学的奥秘，使我清楚地了解了哈里的荣耀。我母亲是大师的婢女，而我又是她唯一的儿子。因此，为了她我无法离开大师的居处。一天晚上，她出去挤牛奶。在路上，她被一条黑蛇咬伤，不久后就不幸死去。但我把这件事看作是实现我的愿望的好机会。我独自进入了一片巨大而可怕的森林开始流浪，森林里蝉声刺耳。在这流浪的过程中，我又饿又渴。我通过在水坑里喝水和洗澡来缓解

---

① 原文为"Haribol"。
② 指下葬时祈祷的施拉达仪式，是一种包含偶像崇拜的仪式。
③ vrisha kashtha，一种最上方有牛图画的祭品组合。

疲劳。在那之后我就走到一棵阿什瓦塔树[①]下坐下，按照圣徒们的教导开始默想寄居在灵魂中的神之灵。我的脑海里充满了情感，我的眼里充满了泪水。刹那间，我看到梵那闪耀的景象，在我内心的莲花核中展现出来。一阵快感传遍全身，我感到一种无法估量的快乐。但下一刻，我再也见不到梵了。在失去那摧毁所有悲伤的幸福视界时，我猛地从地上一跃而起。一股巨大的悲伤涌上我的心头。在这之后我试图借由冥想的力量再次看见梵，但没有找到他。我好似变成了一个病人，得不到任何慰藉。与此同时，我突然听到空中有一个声音："此世你将再也见不到我了。那些心没有被净化，没有达到最高瑜伽的人，是看不到我的。我曾经出现在你面前只是为了激发你的爱。"

我也恰是处于相同的境况中。为了重获那一晚的至高愉悦，我内心悲痛万分。但也正是因此我对神的爱觉醒了。我与南都的故事只有一点不同。他的心灵初期通过从圣人口中听到哈里的赞词而收获爱与信仰，之后他又从先贤那里得到梵知识的指导。但在我这儿，我没有机会让对哈里的赞颂激发我的爱与信仰，也没有人驻足教导我关于神圣智慧的真相。奢华和愉悦之风日夜在我耳畔吹过。然而，尽管有这些不利的情况，神还是以他的怜悯赐给了我弃绝的精神，并从我身上夺走了我对俗世的依恋。神即是所有快乐的源泉，他通过将快乐的溪流倾注到我的脑海中，给了我新的生命。他的慈悲是无法比拟的。他就是我的上师。他就是我的父亲。

---

① ashvattha tree，印度神话中的圣树。

第三章

迪迪玛死后的一天,我端坐在自己的画室里,对周围的其他人说:"今天我会成为万能的许愿树,任何人向我索求任何我可以给予的东西,我都将会满足他。"除了我的表兄弟布拉加没有任何人提出要东西的要求。表兄说:"给我两面巨大的镜子,给我这些画作,还要给我那件金边镶饰的衣服。"我立马把这些都送给了他。第二天,他带人来带走了所有画室里的东西。画室里曾有些精美的画和其他价值不菲的家具装饰,他也将这些全部打包带走。以这种形式,我摆脱了我所有的物什。但我内心的忧伤却还一如既往,没有任何东西可以驱走它。我不知去哪儿寻求安慰。有时,我躺在沙发上思考着神的事情,我变得如此浑浑噩噩以至于我都不知道自己何时从沙发上起来吃了点饭,然后又躺下来。那时我感觉就像是一直躺在那里无所事事。在每日中午,如果可能的话,我就会一个人去植物园。那是一个人迹罕至且寂寥的地方。我曾经坐在花园中央的墓碑上。我的心中被悲痛占满,黑暗笼罩着我。俗世对我的诱惑已经停止,但对神的感觉却没有更近;地上和天上的幸福同时远离了我。生活是乏闷无味的,世界就像一个死寂的墓地。我没有找到快乐,没有找到平静。正午的阳光在我看来是黑色的。就在这时,我的嘴里突然蹦出这首歌,"徒劳啊,徒劳是白天的光；没有知识，一切都像黑夜一样黑暗。"这是我的第一首歌。在过去的日子里，我常常独自坐在墓碑上大声唱出来。

然后，我产生了学习梵文的强烈愿望。从我还是个小男孩时就喜欢梵文。我曾经小心翼翼地记住考底利耶的诗句。每当我听到一首梵文好诗或是诗句时，我都会背诵它。当时我们家里有一位家庭教师，他的名字是卡玛拉坎塔·摩尼，来自班斯贝里亚。以前他隶属于戈皮莫洪·泰戈尔家族，然后来到了我家执教。他博学多识且极富个性。那时我还很年轻，他很喜欢我，而我也十分敬重他。一天我跟他说："我要和你一起学习梵文语法。"他回应道："来吧，太好了。我会把它教给你。"在此之后我就开始与他一起学习语法并在心中默记"da, ga, ba, jha, dha, gha, bha"这些梵文字母。记诵这些字母是一种学习梵文的方式，我带着洋溢的热情与摩尼一起投入这种学习形式中。一天，他默默地掏出了一张亲笔书写的纸张放在我手上，并跟我说"在这上面签名吧"。"这是什么？"我问道。读完后，我发现上面写着我需要资助他的儿子沙曼查兰一辈子。我在纸上的四处都签了名。对于摩尼老师，我充满了敬爱，所以当他要求我签名时我毫不犹豫地照做了。那时我没有意识到这意味着什么。不久之后修会大师摩尼就去世了。沙曼查兰带着那张签了字的纸找到了我，并且告诉我："我父亲死了，我无依无靠。你现在必须要资助我。看看这，你已经保证了要这么做。"我同意了，从此他和我住在一起。他懂得一些梵语。我问他从哪里能找到神性的真相。"在《摩诃婆罗多》中。"他如此答道。然后我就开始与他一起阅读《摩诃婆罗多》。打开这本书，一则特别的格言映入我的眼帘，上面写着：

"愿你对宗教有信仰，愿你永远忠于宗教；只有宗教才是进入下一个世界的人的朋友。

"不管你怎样追求金钱和女人，它们永远不会从属于你，它们也永远不会对你忠诚。"

通过阅读《摩诃婆罗多》中的箴言，我感到自己的灵魂大幅升华。

那时我有一个想法，在所有语言中，就如同在孟加拉语和英语中，形容词总是位于名词之前。然而在梵语中我发现，当名词在此处，形容词却在另一处。我花了些时间搞懂这一点。我阅读了《摩诃婆罗多》的大部分篇章。我清楚地记得，在烟氏仙人的故事中，乌帕玛弩贤人对他的老师无比敬重。现如今，大众已经可以借由翻译本来广泛阅读这本浩瀚广博的书，但在那个年代，很少有人读过原著。我对精神知识的渴望使我阅读了很多。

一方面，我不停地在梵文学习中追求真理，另一方面，我也在学习英文。我读了许多英文哲学著作。但这一切都徒劳无功，我内心的空虚感还是一如往常，没有什么能治愈它。我的内心被阴郁的哀伤和不安的感觉挤压着。顺从自然就囊括了人的全部存在吗？我不禁问了这个问题。如果是那样我们就完了。这怪物的力量无可阻挡。火焰，一经触碰，就能把万物烧成灰烬。乘船出海，漩涡会把你拖到海底，大风会让你陷入可怕的困境。无法逃脱这个自然恶魔的魔掌。如果屈服于她的法令是我们的目的和目标，那么我们确实是完了。我们可以期待什么，我们可以相信什么？我又想，正如太阳光线在照相底片上反射事物一样，物质对象也是通过感官向心灵显现的；这一过程就是所谓的知识。除了获取知识，还有其他方法逃脱自然的藩篱吗？这些是西方哲学带来的建议。对于无神论者来说，这些就足够了，因为他不想要任何超越自然的东西。但我怎么能完全满足于此呢？我的努力是找到我的神，不是通过盲目的信仰，而是通过知识之光。在这方面不成功，我的内心挣扎与日俱增。有时我甚至觉得无法再活下去了。

第四章

突然,就在我不断思索着的时候,一道迅捷的闪电划破了这绝望的黑暗。我看到物质世界的知识来自感官和视觉、听觉、嗅觉、触觉和味觉的对象。但连同这些知识,我也能够知道我是知者。与看、摸、闻、想的事实同时,我也知道是"我"在看、摸、闻和想。有了对客体的认识,就有了对主体的认识;有了身体的知识,就有了内在的精神知识。经过长时间的追寻真相,我才发现了这一点光明,仿佛一缕阳光洒在了一片极度黑暗的地方。我现在意识到,通过对外部世界的了解,我们开始了解我们的内在自我。在这之后,我越思考就越能认识到智慧在整个世界的影响力。对于我们来说,日月升落恒常不变,风吹雨打四季有时。所有的这些都是为了满足善护我们生命的目的。这一切是谁的设计?这绝不是物质力量的设计,而必然是智性灵魂的设计。因此,这个宇宙肯定是由一个智慧存在来推动的。

我看到那孩童,刚一出生,便从母亲的乳房上吸吮乳汁。谁教了他这么做?一定是那位给予他生命的存在。谁把母爱放进母亲的心灵?一定是那位把乳汁灌满母亲乳房的存在。他就是那位知晓我们一切需求的神,那位让全宇宙臣服的神。自我的心灵之眼睁开以来,悲伤的阴云首次被大幅驱散了。不知为何我感到有些安慰。

有一天，我在思索这些事的时候，突然想起了，在我早年的时候，我曾经是如何在无边天界中领悟到无限的。我再次将目光投向了这片无垠的天空，空中点缀着无数繁星和世界；我在此中看到了永恒的神，觉得这荣耀是属于他的。他就是永恒的智慧。我们从他那里获得了有关我们自己有限的知识，而此身就是他的容器，就是没有形式的他自己。他没有身体或感官。他没有用他的双手塑造这个宇宙，而是仅凭自身意志创造了它。他既不是迦梨神庙里的迦梨神[①]，也不是沙利格拉姆石。就这样，利斧架在了偶像崇拜的根上。在研究创造的机制中，我们发现了造物主智慧的证据。仰望繁星点点的天空，我们感受到主的无限。通过那细长的丝线我们与神相连接，他的秉性为我们所明了。我看见没有人能忤逆充满无限智慧的他的旨意。他所愿的就会实现。我们人类需要收集所有的原料，然后才能制作一物；他只要动念就能创造出制造物品的所有材料。他不仅是这世界的创造者，他更是其自身的创造者。所有受造之物都是短暂的、可腐朽的、可变的和依存的。至高智慧创造并引导着他们；至高智慧本身才是永恒的、不朽的、不可改变的和自力更生的。那永恒、真实和完美的存在是一切善的源泉，也是一切崇拜的对象。经过我脑海里夜以继日的思维碰撞，我确定了这一点；经过不断和艰苦的努力，我得出了这个结论。而我的内心不住地颤动。知识之路充满了荆棘。在这条路上，谁会支持我？谁会为我欢呼，鼓励我？谁会同意我最后得到的结论？你知道我指的是哪种同意吗？我指的是我从博多河上船夫那里得到的那种。

我曾去过迦梨格拉姆的一处庄园，并在那待了很久才回家。那时

[①] Kali of Kalighat，迦梨女神是印度教神明雪山女神的化身之一，主黑暗和暴力，是灭绝的象征，后文的迦梨格拉姆就以迦梨女神为名。

我正泛舟于博多河上,踏上回家之路。此时正值雨季,乌云笼聚在天空之上,狂风席卷而起。博多河陷入了巨大的动荡;船夫见暴风雨逼近,不敢再往前走,只好把船拉到岸边。即使在那儿,船也很难躲避海浪,但我已经离家太久了,以至于我急于回家。下午四点左右,暴风雨稍稍平息,我问船夫:"你现在能把船开起来了吗?"他说:"我可以,如果阁下有吩咐。""那就放手去做吧。"我说。但是相当长的时间过去了,船还是没有动。半小时过去了,它仍然没有离开的迹象。我把船夫叫来,说:"刚才你告诉我,如果我有吩咐,你就可以开始。我已经下达了我的命令,你为什么还没有开始呢?风暴现在已经减弱了一点,不知道什么时候它会再次向我们袭来。如果我们要去,让我们马上开始。"老德万吉①对我说:"你在干什么,你说我是个傻瓜船夫?首先,你难道没有看到这是同萨尔达河的汇合处——在任何地方都看不到对岸吗?而且今天是色拉瓦那月月底至日(太阳改变在黄道带上方向的一天,天象会有相应变动)。即使在海滩旁船都无法在海浪冲击中保持稳定。而你却想在这样的一天里穿越博多河!"德万吉的话把我吓得喘不过气来。"开始吧。"我说,他立即解开小船,竖起帆。一阵突如其来的风把小船吹进了海中。数百条船被绑在岸边,所有的人齐声喊道:"别走!现在别走!"然后我的心就沉了下来。我该怎么办。已经没有回头路了。船张开帆向前冲。走了一段距离后,我看到那一波又一波的波浪像前面的墙一样膨胀起来。船全速跃起,刺穿了浪墙,我内心完完全全地充满了不安。在这时,我看到不远处一艘小船从对岸开过来,像是被风浪裹挟着的芭蕉花瓣。

---

① Dewanji,庄园的管理者。

看到我们这么勇敢,那艘船的船夫大吼着鼓励我们:"别怕,向前就对了!"谁能在此种情况与我同心协力,并且如此地鼓励我?这就是我想要的回应的本质。但话说回来,谁能这样做?

第五章

一旦当我明白神是无形无象的时候,我对偶像崇拜就产生了强烈的反感。我想起了拉莫汉·罗伊①——我恢复了理智。我发誓要全心全意地追随他的脚步。

我从小就与拉莫汉·罗伊保持联系。我曾经上过他的学校。那时我还有一些更好的学校可供选择,那时还可以去印度学院。但因为拉莫汉·罗伊的缘故,我父亲把我送到了他的学校里。学校坐落于赫度阿湖旁。几乎每个周六,我就会陪伴拉莫汉·罗伊去他在曼尼可塔拉的花园洋房。其他日子里我也会去拜访他。有时我去那里玩很多恶作剧。我过去常常在花园里采摘荔枝和青豌豆,然后兴高采烈地吃掉它们。有一天,拉莫汉·罗伊说:"兄弟,为什么要在阳光下嬉闹?坐在这里,尽可能多地吃点荔枝。"他对园丁说:"去树上摘荔枝,把它们带到这里来。"他立即带来了一盘荔枝。然后拉莫汉·罗伊说:"随你喜欢,想吃多少就吃多少。"他的容貌平静而凝重,我那时非常尊敬和崇拜地仰望他。

花园里有一个秋千,拉莫汉·罗伊过去常常在其中荡秋千,以锻

---

① Lamohan Roy,被称为"印度近代之父""印度民族主义之光",是19世纪印度杰出宗教家、社会活动家、哲学家,也是梵社的创始人。

炼身体。一个下午我去花园的时候,他让我坐在秋千里面,自己摇摆。过了一会儿,他自己坐在里面说:"兄弟,现在轮到你推了。"

我是我父亲的长子。在任何聚会上,都是我来挨家挨户地邀请人们。那是阿什温月的杜尔迦法会①。我去邀请拉莫汉·罗伊参加这个节日,并说:"罗姆尼·塔库尔② 恭请您参加三天的法会。"对此他说:"兄弟,为什么来找我。去问问拉达普拉萨德。"经过如此长时间的流逝,现在我才逐渐明白那些话的意义。从那以后,我在心里下定决心,既然拉莫汉·罗伊没有参加任何偶像崇拜,我也不会参加。我不会崇拜任何偶像,我不会在任何偶像面前鞠躬,我不会接受任何偶像崇拜的邀请。从那时起,我的志向就已然笃定。但那时的我几乎不知道在这之后我要经历多么严峻的考验。

我和兄弟们组成了一个同盟。我们一致决定在法会期间不去圣所,即使我们去,也没有人会在神像前跪拜。那时,我父亲常常在晚上阿拉蒂仪式③时去圣所,所以我们也不得不去那里以表尊重。但是到了敬礼的时间,大家都跪在地上,我们仍然站着;没有人能看到我们是否进行了跪礼。

每当我在任何圣典中遇到偶像崇拜的讲道内容时,我不再对它产生任何敬畏。然后在我的脑海中产生了一种错误的印象,即我们所有的印度教经典都充满了偶像崇拜,因此人们无法从经典中提取关于无形不变的圣灵的真理。当我正处于这种沮丧的状态时,突然有一天,我看到一本梵文书籍的一页从我身边飘过。出于好奇我把它捡了

---

① 杜尔迦是雪山女神的具象化身之一,故而杜尔迦法会包含祭祀偶像的内容。
② Rammoni Thakur,德温德拉纳特·泰戈尔之父。
③ arati,晚间集会的一种形式。

起来，但我发现我无法理解上面书写的文字。我和坐在我边上的沙曼查兰说："我马上要出去一趟，很快就会回来，我要去处理联合银行的事务。在此期间，你试着解码书页上的含义，这样等我办公回来时你就能解释给我听。"说完我便立刻出发去银行。那时我在联合银行有一个职位。我最小的叔叔拉马纳特·泰戈尔是出纳，而我是他的助手。我必须从早上十点起一直待在那里，直到一天的工作结束。我们算账算到了晚上十点。但是那天，由于我要让沙曼查兰向我解释梵文书籍的那一页，我无法忍受要平账收支到很晚；所以在我叔叔的允许下，我早早地回家了。我急忙翻到第三个篇章的"boythakkhana"，让沙曼查兰解释给我听这一页上写的是什么。他说："我一直在努力，但始终无法破解其中的含义。"这让我很吃惊。英语学者能看懂每一本英文书；为什么梵文学者不能理解每一本梵文书籍呢？"那谁能看出来？"我问道。他说："这篇文字来自梵社的记述。社内的拉玛钱德拉·维迪亚瓦吉什可能可以解释它。""那就打电话给他。"我说。不久之后，维迪亚瓦吉什来到我身边。读了那书页，他说："怎么了，这是《自在奥义书》（*Isopanishad*）。"

当我从维迪亚瓦吉什那里得知"梵创世论"的真义时，仿佛汩汩甘露自天堂流向我。我一直渴望得到人们的同情；现在一个神圣的声音从天而降，在我的心中回应了我，我长久的渴望得到了满足。我想要在每一处找到神。而我在奥义书中发现了什么？我发现，"如果整个世界都被神所笼罩，那么哪儿还会有不洁之地？所有存在都是纯净的，世间将充满了甜美"。我得到了我正好想要的。我从来没听到过我内心最私密的想法能在他处被如此表达。什么人能给我此种回应呢？神的慈悲降临到我的心中，因此我理解了"梵创世"的深刻含义。哦！我听到了何等箴言！"Tena tyaktena bhunjitha——享受他给你的东西"。神给了什么？他已经给予了他自己。享受那无尽的宝藏；放下一切，享受那至高无上的宝藏。只依附他，放弃一切。唯独依附于他的人是蒙福无比的。这告诉了我一直渴望的东西。

我的切肤之痛在于，我对所有的幸福，无论是世俗的还是神圣的，都已然感到死寂般的冷漠；我不再能对这个世界的事物感到喜悦，我不再能对神的存在感到喜悦。

但当神圣的声音宣布我应该放弃一切对世俗享乐的渴望，单单以神为乐时，我得到了我所希望的，并且充满了喜悦。这不是我自己智力低微的妄言，而是神自己的箴言。荣耀归于那个在他心中首次揭示了这个真理的圣人！我对神的信仰根深蒂固；我扬弃了世俗之乐，取而代之尝到了神圣的快乐。哦！那对我来说是多么幸福的一天——天堂般的幸福！奥义书的每一个字都启发着我的思维。在它们的帮助下，我每天都沿着指定的道路修行精进。所有最深刻的奥义开始向我揭示其自身。我与维迪亚瓦吉什一起阅读《自在》、《基纳》(Kena)、《卡塔》(Katha)、《蒙达卡》(Mundaka)和《曼杜卡奥义书》(Mandukya Upanishads)，其余六本与其他专家一起阅读。我每天读到的东西，我牢记在心，第二天又复述给维迪亚瓦吉什。听到我对《吠陀经》的发音，他会问："你从哪里学的这个发音？我必须得说我们不能这样发音。"我回答道："我从一位达罗毗荼①吠陀婆罗门那里学到了《吠陀经》的发音。"

当我深入学习奥义书、每天我的智识都被真理之光照耀时，我感

---

① 达罗毗荼人是指南亚使用达罗毗荼语系诸语言各民族的统称，又称德拉维达人。达罗毗荼人主要分布在印度、斯里兰卡和巴基斯坦。

受到一种传播真正宗教的强烈愿望。起初,我和我的兄弟、朋友和亲戚们成立了一个协会。在我们场地的湖旁有一间小房间,我把它清洁干净并且通体刷上白漆。就在此时,杜尔迦法会的季节来了。我们家的所有其他成员都沉浸在过节的兴奋中。只有我们保持了虚静之心。在暗月①的第十四天,我们带着满心的热情成立了协会。在早上我们沐浴净身,走到湖旁的小房间里落座入定。我和其他人一坐到那里,立刻就进入了崇信的状态。当我环顾四周时,每张脸都充满了敬畏。整个房间充满了至洁至净的气氛。在以热切的心祈求神明之后,我们讨论了《石氏奥义书》(*Kathopanishad*)的这段文字:

"愚蠢和被财富蒙蔽的人无法得见来世。

"那些认为只有当下存在而无未来存在的人,他们一次又一次地来到我的枷锁(死亡的枷锁)之下。"

大家以一种神圣而庄重的心情聆听我的演讲。这是我的第一次布道。当它结束时,我提议这个组织应该被称为"塔瓦兰吉尼修会",并且修会应该一直办下去。所有人都同意了这一点。这个协会的目的是获得真神的知识。每个月的第一个周日是集会例会的指定时间。在第二次会议上,我们邀请到了拉玛钱德拉·维迪亚瓦吉什,并且我任命他为修会的首席部长。他将修会改名为"塔瓦菩提尼"而不是"塔瓦兰吉尼"。因此,塔瓦菩提尼修会正式成立于印度历1761年阿什温月21日,暗半月第十四天的周日②。

---

① 古代印度历法将自然月分为亮月和暗月两个半月,固有"亮/暗月""半月"的说法。
② 公元1839年10月6日。

第六章

塔瓦菩提尼修会在印度历 1761 年的阿什温月 21 日开幕。它的目标是散播我们所有经典的深层真理和吠檀多中灌输的梵知识。我们认为奥义书才是吠檀多的真义；因此在传习过程中我们并没有过多依赖吠檀多哲学的教义。修会开幕的第一天仅有十个成员，渐渐地成员数量开始增长。在最初的几次例会时，我们把会议安排在了我宅子一楼的一间宽敞的箱庭中，不过这之后我们在苏琪雅街租了一间房子。这间房子现在属于卡里基森·泰戈尔。就在这段时间我认识了阿克谢·库玛尔·达塔。他是伊什瓦尔·钱德拉·笈多介绍给我的，然后达塔也成了修会的一员。修会在每个月的第一个星期日晚上举行会议，拉玛钱德拉·维迪亚瓦吉什以部长的身份在会议上发言。会议上他总是念及这节经文：

"哦，宇宙的精神导师。你是无形的：

"然而我在冥想中构思了你的形象；

"我唱颂赞词而忽略了你无法表达的神性；

"我通过朝觐和其他方式毁掉了你的无所不在，

"全能的神啊，对于这三种精神混乱所犯的过错，我恳求你的宽恕。"

所有会员均有权在本协会会议上发言；但有一条特殊规定，必须首先将文稿交到秘书手中的人，才有权阅读他自己的文章。基于这个规则，我们中的一些人过去常常把他们的手稿放在秘书的床上、放在他的枕头下；目的是让秘书在早上起床的第一时间就得到它。在第三年，我们隆重举办了塔瓦菩提尼修会的一周年庆。自筹备以来两年过去了，但修会的成员数量在我看来尚不令人满意，修会的知名度也不算太高。正当我怀有这些想法时，印度历1763年巴德拉月[①]暗半月的第十四天到来了。我想把这个周年纪念作为一次盛大的聚会，让大家都知道修会。在那些日子里，广告在传播新闻方面没有多大用处。因此我所做的就是向加尔各答所有办公室和公司的每一位员工发送一封邀请信。每个人来到办公室时，在他的办公桌上就会发现一封写给自己的信，打开后他就能看到来自塔瓦菩提尼修会的周年庆邀请。这些被邀请的人甚至从未听过修会的名字！对于我们来说，整天都是非常繁忙的。如何装饰好修会房间，学习哪些课程，讲授哪些布道，每个人的任务怎么分配，这些都是我们要努力完成的。在黄昏之前，我们点亮了灯，装点了修会厅堂，所有的安排都完成了。被邀请的人们会来吗？我在狐疑中反复问自己。天黑后不久，我看到人们一个接一个地进来，每人面前提着一个灯笼。我们热情地接待了他们，让他们坐在院前花园的长椅上。人们逐渐拥入并填满了花园。他们鱼贯而入的景象激发了我们新的热情。他们谁也不知道他们为什么来，以及会发生什么。我时不时焦急地看表，看是不是已经八点了。刚到八点，露台上就响起了海螺声、钟声和喇叭声，房间的门一下子被打开了。

---

① 公元1841年8—9月间。

他们相当吃惊。然后我们请他们进来就座。房间正前方是部长宝座，在它的两边坐着十个达罗毗荼婆罗门①，排成两排，一共二十个，穿着红色的长袍。拉玛钱德拉·维迪亚瓦吉什坐在宝座上，达罗毗荼婆罗门们开始诵唱吠陀经。诵唱结束时已经十点多了。然后我起身开始我的布道，我说道："毫无疑问，对于英语的学习促使人们更好、更广泛地学习，而且无知所带来的黑暗在很大程度上已经从这个国家人民的脑海中被驱散了。现如今，人们不像过去无知的大众一般崇拜种子或者石头，认为它们是神圣的。由于不熟悉吠檀多，他们不知道我们经典的要旨说神是无形的、是智慧的本质，而且无所不在，超越了所有的思想或言语。因此，他们没有在自己的宗教中找到这种关于神的纯粹知识，而是在其他宗教的经典中寻求它。他们坚信我们的经典只灌输图像崇拜；因此，他们崇敬那些在他们看来高于他们自己的经典。但如果吠檀多传播得非常广泛，那么我们的人民就永远不会被其他宗教所吸引。这就是为什么我们要努力保存推广我们的印度宗教。"在我的演讲之后，拉玛钱德拉发表了他的；紧随其后的是钱德拉纳斯·雷，然后是乌迈仕·钱德拉·雷，然后是普拉萨纳·钱德拉·哥什，然后是阿克谢·库玛尔·达塔，最后是拉马普拉萨德·雷。这些演讲一直持续到近乎午夜。当这一切结束后，拉玛钱德拉·维迪亚瓦吉什请我们进行了一次问卷调查；然后齐唱赞美诗。我们唱了两轮，人们都累坏了。他们都是直接下班来的，可能他们中的一些人还没有洗漱，也没有吃东西；出于对我的尊重，在集会解散之前没有人离开。很可能没有人听清楚或理解任何在集会上发生的事情；但是，修

---

① 即达罗毗荼人中的婆罗门祭司、教徒。

会的活动以极大的热情结束了。这是我们塔瓦菩提尼修会的第一次周年纪念，也是最后一次。在这件事之后，我在印度历1764年（公元1842年）加入了梵社。

会社的创始人，光芒四射的拉莫汉·罗伊，九年前死于英格兰的布里斯托。我想着既然梵社出于对梵的追求而创立，将塔瓦菩提尼修会与梵社合并将更有利于达成我们的目的。带着这种想法，我在一个星期三去参访了修会。日落前，我在修会的一间侧房里看到一个达罗毗荼婆罗门在背诵奥义书。拉玛钱德拉、伊什瓦尔·钱德拉·尼亚塔纳和其他一两个婆罗门是仅有的坐在那里听的人。首陀罗不被允许出席这种场合。日落后，拉玛钱德拉和伊什瓦尔·钱德拉·尼亚塔纳在修会大厅中的宝座上坐下。在这里，婆罗门和首陀罗以及所有其他种姓都享有平等的权利。我注意到在场的人很少。宝座的右边铺着一块白色的地布，上面坐着四五个礼拜者。左边放了几把椅子，坐了三四个人。伊什瓦尔·钱德拉·尼亚塔纳阐述了奥义书，维吉亚瓦吉什大师解释了吠檀多哲学中的弥漫差派。在宝座前，克里希纳和毗湿奴派兄弟齐声唱赞美诗。接待仪式在九点结束。在这次经历之后，我承担了改革梵社的任务，并将它与塔瓦菩提尼修会合并。如此做，塔瓦菩提尼修会的融入将有利于梵社的前进。自那时起，梵社的月度晨间仪式取代了塔瓦菩提尼修会的月例会，并且我们不再在阿什温月21日举办修会周年庆，而是将玛格哈月的11日作为周年庆的日期①。在印度历1750年②的巴德拉月，梵社在一所租用的住宅中建立，这所住宅为卡玛尔·巴苏所有，位于乔拉桑科；而在曾巴德拉月举办的周年

---

① 11th of Magha，一般是1月的23日或24日。
② 公元1828年。

庆，在 1822 年，也就是我加入梵社之前就停止了。

当我们掌管梵社时，作为改进的第一步，我们开始考虑如何增加其追随者的数量。渐渐地，靠着神的恩典和我们的努力，参加人数越来越多，因此住宿也增加了。这足以令人振奋。以前修会居所的房子被分隔成两三个房间；随着时间的流逝，这些都被打破了，现在一个宽敞的大厅取代了它们。随着房间越来越大，出席人数越来越多，我们心想，梵宗教正在世间逐渐普及。这对我们来说是真是一切快乐的源泉！

第七章

历经长期不断的求索与挣扎之后,我内心中才得以显现的神之理念,我在奥义书中找到了其印证与回响;通过仔细学习研究而得来的对奥义书的任何解读,我此时都能以自己的内心找到对应的答案。所以我对奥义书怀着深深的敬意。我的心告诉我,神就是我的父亲、保护者和朋友;在奥义书中,我发现同样的说法是:"他是我们的朋友,我们的父亲。他既是分配者,也是我们命运的仲裁者。"

没有他,孩子、财富和荣誉对我来说都算不了什么:他比子嗣更珍贵,比财富更珍贵,比一切都更珍贵。转向奥义书,我发现它是这样诠释的:"至尊灵魂比子嗣更珍贵,比财富更珍贵,比一切都更珍贵。"

我不求财富,我不求名誉;那我想要什么?奥义书回答说:"崇拜梵的人会梵加身。"对此我说,是的,确实如此。拜财者得财,拜尊者得尊,拜梵者得梵。当我在奥义书中看到"Ta atmada halada(他给予了生命、注入了力量)..."这句话时,我发现我内心的想法表达了出来。他不仅给了我们生命,也给了我们灵魂。他不仅是我们生命的生命,更是我们灵魂的灵魂。他从自己的伟大灵魂中创造了我们的灵魂。那一位恒常不变的伟大灵魂,亦是无限智慧本身,创造了无数有限的灵魂，同时永远忠实于他的本性。我发现这一点在奥义书中有着明文出处，即"他由一生万物"。通过崇拜供奉他，我最终将会得到他。他是被崇拜之主，我是他的崇拜者；他是我的主人，我是他的仆人；他是我的父亲，我是他的儿子。这是我的指导原则。把这个真理传遍印度，让大家都这样崇拜供奉他，让他的荣耀到处宣扬——这成了我人生的唯一目标。为了实施这个项目，必须得准备印刷机和发行期刊。

我心想，塔瓦菩提尼修会的许多成员都在以一种断线式的状态工作。他们没有得到许多修会会议的通知，或者经常无法出席。他们中的许多人不知道修会发生了什么。尤为重要的是，他们听不到维迪亚瓦吉什应该更广为人知的话语。同时，也非常有必要对拉莫汉·罗伊为宣传神之知识而撰写的书籍进行更多宣传。除此之外，还应出版那些倾向于教育思想和提升人品格的主题的作品。考虑到这些，我决定在印度历1765年[1]推出《塔瓦菩提尼期刊》。对于期刊，有必要任命一名编辑来编写。我检查了几位成员的文稿，阿克谢·库玛尔·达塔的文学价值让我选择了他。尽管他的文章质量好坏参半，但他的最大优点是文字风格非常迷人和优雅。我发现他的错误之处在于，他总是在歌颂那种住在树下的头发蓬乱且灰白的桑雅士[2]；但我不赞成这种外在弃绝形象的符号化。不过，我想，如果我来斟酌表达的用词，就可以使他履行好做编辑的职责；而实际上就是这样做的。我以可观的薪水雇佣了阿克谢。我常常删除他的写作中与我的观点相反的部分，并试图让他接受我的观点。但这种调和绝不容易，因为我们早在修行

---

[1] 公元1843年。
[2] Sannyasi，在印度宗教中指弃世之人、苦行者。

之路上分道扬镳。我那时正在不断追寻与神之间的联系，而他则专注于人与外界世界的联结。这确实是天差地别。然而，最终在这样一位有着独特能力的人才帮助下，我得以实现我在《塔瓦菩提尼期刊》上的野心。在那些日子里，鲜有人拥有他的文字风格之美。而当时也只有少数报纸存在，且没有涉及任何有益于公益或教育的主题。《塔瓦菩提尼期刊》首先在孟加拉提供了这种需求。吠陀经和吠檀多的传播，以及对我的主要目标至尊梵的崇拜，通过出版这本期刊得到了充分的满足。那些诠释梵的奥义书被我们独自接受为真正的吠檀多。我们对所谓的吠檀多哲学没有信心，因为商羯罗[1]试图在其中证明梵和所有受造物是一体的。我们要的是对神明的崇敬。如果崇拜者和崇拜的对象合二为一，那怎么会有崇拜呢？所以我们不能认同吠檀多哲学的教义。我们反对一元论/不二论就像我们反对偶像崇拜一样。我们无法完全认同商羯罗对奥义书的注释，因为他试图以一元论的方式解释它们。出于这个原因，我不得不开始撰写关于奥义书的新注释来代替《梵经注》[2]。我编写了梵文注释，来捍卫有神论的基础，同时我开始了孟加拉语版本的翻译，并把孟加拉语注释的一部分发表在了《塔瓦菩提尼期刊》上。

---

[1] Shankaracharya，8世纪印度著名哲学家、宗教学者，他是一位吠檀多不二论者，对奥义书和吠陀经典进行了注释，著有《梵经注》。
[2] Bhashya，是商羯罗所写的、对奥义书的通行注释。

第八章

《塔瓦菩提尼期刊》的印刷机最初是装在赫度阿的一所房子里，那曾是拉莫汉·罗伊学校的所在地，也是我过去常去的地方。拉玛钱德拉·维迪亚瓦吉什曾经来这家出版社和我一起阅读奥义书和吠檀多哲学。他不敢在我们家这样做，因为我父亲说过的话把他吓坏了。曾有一天，我父亲对维迪亚瓦吉什不胜其烦，这么说道："我以前一直认为维迪亚瓦吉什是个很好的伙伴，但他现在正用他的梵咒语们毁了代温德拉①。就像他从不对商业事务有任何头脑一样，他现在把所有事业抛在一边；他只会天天念叨着梵，除此以外啥也不会。"

我父亲有理由生气。当奥克兰勋爵担任总督时，在我们的贝尔加吉娅花园为他的妹妹伊登小姐和其他尊贵的女士们举行了盛大的晚宴。美貌与智慧，高贵与优雅，舞蹈与美酒，以及炫目的灯光共同将花园变成了名副其实的世外桃源。某些著名的孟加拉人看到这场为英国人举行的盛大宴会后评论说："他只关心英国人的乐趣，他从不邀请孟加拉人。"这句话传到了我父亲的耳朵里。因此，不久之后，他在同一个花园里举办了一场同样盛大的派对，有着诺奇舞蹈和欢快乐曲，所有的孟加拉国名流都被邀请参加。在那一天，我本当负责接待

---

① 指作者德温德拉纳特·泰戈尔。

宾客的任务，但碰巧那是我们的塔瓦菩提尼例会的规定日期。我必须整天全神贯注于修会并与其他人一起敬拜神明，所以我不能忽视这个重要的职责去参加花园派对。为了不惹父亲不悦，我只能装出一副欢快的模样，然后匆匆赶回去参加修会。这件事让父亲清楚地认识到了我对俗世生活的厌恶。

自那以来，我父亲便小心翼翼地不让我过多阅读吠檀多经典或是侍奉梵。他最大的渴望就是我能追随他的足迹，以他为榜样，获得最高的身名地位和俗世荣光。但当他发现我脑中所想恰恰相反时，他感到非常悲伤和沮丧。他还未完全理解我的想法和志向，他不知道在那时我心中的不断回响着："没有神明，我的人生算是什么？"——有句话是我在奥义书中读到的，"人无法被物质财富所满足"。还有什么人能重新把我拽回俗世吗？——将我从神明那里拉走？维迪亚瓦吉什很害怕，他过来和我说："家主现在很反对我们所做的，因此我不能再给你上课了。"因为这个原因，我让他不要再来我家宅子了，而是来印刷办公室和我共读经典，就像他从前一样。

当我第一次参访梵社时，我注意到当信众们在一个私密房间诵读吠陀经时，首陀罗们被排除在外。梵社的目的是推广梵的影响力并吸引更多信仰，并且在修会协定中明确提到所有人应当有崇拜梵的权利，不论种姓为何。我很悲伤地发现，在实践中修会做的却是恰恰相反。又有一天，我看到拉玛钱德拉·维迪亚瓦吉什的同事，伊什瓦尔·钱德拉·尼亚塔纳正试图从修会的吠陀经典中论证拉玛钱德拉是古代阿约提亚王的化身。这令我十分震惊，因为这样做显然和梵法的精神相违背。为了抹除这种不良影响，我规定吠陀经典必须当众公开诵读，并且严禁诠释吠陀中化身论的部分。在那时，能背诵吠陀经并理解梵法的有识之士实在太少了，所以我着手准备发掘学生并训练他们。在报纸上我打出广告，任何能成功通过特定梵语测试的人都可以被录取进入塔瓦菩提尼修会，并且会得到一笔奖学金以帮助继续修学。在测试的那一天，维迪亚瓦吉什检测了五六个考生。他们之中，安纳达·钱德拉和塔拉克纳特被选中了。我对他们两个都非常欣赏。因为安纳达·钱德拉的头发扎得非常长，我戏称他为"小绺儿"。

第九章

有一天，我坐在印刷室里，思索着一个问题：在梵社的成员中，缺乏一种共同的宗教情绪作为精神联结。人们像潮起潮落一样不断地进进出出，但他们并没有被任何宗教联系在一起。所以当到修会的访客开始增多的时候，我觉得有必要从他们中有所选择。访客之中，有的人带着真心来崇拜神明，有的则没有明确的目的，所以我们应该认定谁是真正的梵信仰者。基于这些考虑，我决定将那些发誓放弃偶像崇拜并决心崇拜唯一真神的人，视为梵修士。正因为我们这里有个梵社，每个成员当然必须是梵（修士）。

对于许多人来说，乍一看梵社似乎是从信仰梵神的组织中诞生的，但实际上不是这样。"梵 Brahma"一词正是发源于梵社。没有方法的实践，任何事业都不会成功。因此，为了对梵法的皈依能以正确方式得到实行，为了对梵的信仰能取代偶像崇拜，我起草了一份梵法信仰的开蒙宣言，其中包含了一条：每日敬拜必须从格雅特曼陀罗①开始。我是被拉莫汉·罗伊的一条律令所启发的，他要求信徒们通过梵唱的形式去敬拜梵。自这条律令之中，我感到希望从内心升起：

---

① Gayatri mantra，意为"能帮助我们的心灵获得保护和光明的梵唱"，是印度教祭司与修行仪式中的一种颂唱方式。

"以欧姆一词开头的三句箴言，如 bhur、bhuva 和 syaha，以及分为三部分的梵唱，它们是通往感通梵的大门。那些能不知疲倦地以欧姆和箴言唱诵格雅特曼陀罗三年以上的人，就能通往梵。"在这种形式的断言下，也确定了我们应该在清晨斋戒祷告。

我们确定了把印度历 1765 年[①] 保夏月 7 日那一天作为开蒙梵法的日子。我腾出了修会里过去用来诵读吠陀经的小房间，并下令不准外人入内。那里设置了一个宝座，维迪亚瓦吉什坐在上面，我们其他人在周围坐着。一种奇怪的热情在我们的胸中被唤醒。今天，梵法的种子将在我们每个人的心中播下，我们希望它在适当的时候发芽，生长为一棵永在的参天大树。当它结出果实时，我们定将会从中获得甘露。"随着那果子的成熟，甘露一定会到来"。满怀着这样的希望和热忱，我谦卑地站在维迪亚瓦吉什面前说道："我们今天来到你这里，在这个吉祥的时刻，来到梵社这神圣的庙宇，是为了接受神圣梵法的开蒙。它将使我们都渴望救赎的道路，并以您的戒律告诫我们，使我们可以放弃对有限圣灵的盲目崇拜，转而立即向至高的梵祈祷；于此我们将身心向善，不被罪恶的罗网缠住。"

听到我这番肺腑之言，并看到我单纯的追求，维迪亚瓦吉什不禁挥泪，说道："这也是拉莫汉·罗伊一直以来的追求，只可惜他无法实现它了。这么多年过去了，他的渴望终究有了被实践的一天。"先是施瑞达尔·巴塔查里亚起身，在宝座面前宣读誓言，接受梵法，然后是沙曼查兰·巴塔查里亚，然后是我自己，然后一个接一个，布拉金德拉纳特·泰戈尔、吉林德拉纳·泰戈尔、阿南达钱德拉·巴塔查里

---

① 公元 1843 年。

亚、塔拉克纳特·巴塔查里亚、哈拉德夫·查托帕德哈亚、阿克谢·库玛尔·达塔、哈里斯钱德拉·南迪、拉拉·哈扎里尔、沙曼查兰·穆霍帕季耶、巴瓦尼查兰·孙、钱德拉纳斯·雷、拉姆纳拉扬·查托帕德哈亚、撒西布山·穆卡帕蒂亚、佳格钱德拉·雷、洛克纳斯·雷和其他人，总共二十一人接受了梵法的开蒙。塔瓦菩提尼修会建立的日子是值得纪念的一天，梵法开蒙的日子也是一样。自从印度历1761年①开始，我们日渐精进，在梵的庇护下我们融入了梵法之中，并以此走进了全新的生活。我们的热情和喜悦是无限的。

这在梵社的历史中是一件绝无仅有的事。在这之前只有梵社，而现在梵法出现了。无梵则无法，无法亦无梵。正法和梵是密不可分的。认识到它们之间如此紧密的联系，我们拥护了梵法，并因此成了梵修士，从而明证了梵社存在的必要性。在印度历1767年②保夏月的一个月里，五百人发表誓言并登记成为梵修士。

在那些日子里，梵修士间产生了一种美妙的兄弟情谊，这种感觉即使在血缘兄弟之间也是很少见的。看到修士之间如此亲密的感情，我欣喜若狂。我心想，如果能在每年12月在城外某个空旷的地方为他们举办一个节日，那将是一件好事。届时，所有人都可以通过集会、促进友谊以及互相之间交流宗教问题来提高自己。考虑到这一点，我在这一年保夏月7日邀请他们所有人到我位于帕尔塔对面格瑞提的花园别墅。

我雇了八九艘船，把所有的修士从加尔各答接到这个花园。这是一个伟大的梵节日，他们的善良、爱意和热情都得到了充分发挥。清

---

① 公元1839年。
② 公元1845年。

晨，随着太阳的升起，我们向梵高唱赞歌；我们坐在一棵结满果实和鲜花的树荫下，全心全意地敬拜神明，使自己愉悦而圣洁。在仪式结束时，拉哈尔达斯·哈尔达尔提议："对于梵修士来说，放弃圣线①是理应且恰当的。由于我们都成了唯一的真神的崇拜者，最好不要有任何种姓区别。锡克教社区，那些阿拉赫·尼兰詹②的崇拜者，通过放弃种姓并采用'辛格'作为姓氏而统一起来。他们从团结一致中获得了如此强大的力量，以至于击败了像奥朗则贝本人这样无畏的德里国王③，最终建立了一个独立的王国。"当拉哈尔达斯·哈尔达尔的父亲听到他提出想放弃圣线时，他立即想要朝他自己的心脏捅上一刀。

---

① 一种在印度教年轻人身上缠绕丝线并终身携带的仪式，有标榜身份的意味。
② Alakh Niranjan，一种印度教徒和锡克教徒常用的宗教术语，用于表达至高梵我（阿特曼）的神格与存在。
③ Badshah of Delhi，badshah 意为国王。

第十章

起初我以为梵修士会按照拉莫汉·罗伊的指示，仅靠格雅特曼陀罗①来崇拜梵，但我不得不放弃这个想法。我发现这种梵唱对于大多数人来说太难掌握了。他们觉得将它用作祈祷的工具并不合适。通过掌握格雅特梵唱的念诵及其含义来敬拜上帝是一项需要艰苦努力的任务。"不胜利毋宁死"——没有这种坚定的决心，是无法通晓曼陀罗的。但拥有如此坚定的决心和信念的人确实很少见。这样的人也许千里挑一。但我想要的是，所有阶级的人都能广泛地获得对梵的崇拜。所以我决定欢迎那些可以通过格雅特曼陀罗崇拜梵的人这样做；那些无法做到这一点的人可以自由地采用任何更简单的方法与梵感通。因此，在宣言的形式上我有所修改，"我将每天以爱和崇敬重复格雅特十遍来崇拜至尊梵"这句话被替换为"我将每天带着爱和崇敬将我的灵魂奉献给至尊梵"。但是对于灵魂与神明的交流来说，话语是一种有效的媒介。如果这些话是由来已久、广为人知的，而且容易言说和理解，那么以这些语言敬拜的人就会更快地从中受益。因此，我欣喜若狂地在奥义书中找到了两种崇高的表达方式，符合上述品质，适合用以供奉梵：

---

① 即前文所提过的梵唱。

"梵是真理、知识、无限。他的显现是永恒的幸福；他闪耀着万千光芒。"

这些话满足了我内心的愿望，也让我的努力最终以成功加冕。因为现在我发现所有敬拜梵的梵修士都在虔诚地说：

"梵是真理、知识、无限。他的显现是永恒的幸福；他闪耀着万千光芒。"

这两种表达方式，足以让每一个梵修士都将自己的灵魂奉献给梵，在独自一人或私下的场合。但是为了让修士们在梵社中集体崇拜梵，需要一种更全面的崇拜形式。考虑到这个目标，在介绍了这两个文本之后，我在祷文中添加了来自奥义书的另外三节，第一节是：

"他是无所不在，无污点，无形，无脉无伤，无染无罪的；

他无所不知，是我们思想的统治者；

他是至高无上的，自我表露的；

他在任何时候都将所有需要的东西赐给他的创造物。"

为了在供奉时领悟和理解这位无所不在、无所不知、无形的神创造了宇宙，增加了以下偈颂：

"他是生命、思想和所有感官的源泉；他创造了天空、空气、光、水以及包含它们的一切——地球。

他是万物的维持者，直到今天，宇宙仍在他的控制之下运行。"

为了详述这个想法，后来插入了第三节经文：

"在他的命令下，火燃烧起来。

在他的命令下，太阳发光。

在他的命令下，云和风加速，死亡本身在域外游荡。"

以下是提炼出来的，经过一定程度上的修饰，以形成一首赞美至

高无上神的圣歌,称颂这个宇宙的救世主和维护者:

"我们向你致敬,这个宇宙的真理和事业之神。

我们向你致敬,你是智慧的精华,也是一切的维护者。

你是拯救的赐予者,是唯一的上帝,没有第二个;

永恒且无所不在的梵,我们向你致敬。唯有你是万物的避难所;唯有你才值得尊敬。

你是独一无二者,世界的保护者,自我示现者。

只有你是宇宙的创造者、保护者和毁灭者,你是最崇高、最坚定的目标。

唯有你是所有恐怖中的恐怖,在那些令人恐惧的事物中是可怕的。

唯有你是所有受造物的目标,也是最纯粹的存在。

只有你是至强者的统治者。高于最崇高的人,和所有秩序的保护者。

我们怀念你;我们向你祈祷。

你是这个宇宙的见证,我们在你面前俯伏;

哦,你是唯一的真理之神,你是宇宙的维护者,万有之主,完全自力更生;

你在今生的海洋中航行,我们只依附你作为我们唯一的避难所。"

沙曼查兰·塔瓦维吉什出生在一个密续家庭。他的父亲,卡玛拉坎塔·摩尼,曾是一个狂热的密续修行者。所以塔瓦维吉什对密续文本十分熟悉。在我已经在我们对梵崇拜的祷文中加入三段来自奥义书的经文后,我开始在吠陀经典中找寻一首动人心弦的梵颂歌,用以插入在祷文之后,但总是找不到令人满意的。这使我困惑不安。塔瓦维吉什了解到我焦虑的原因之后，告诉我密续文本中有一首优美的梵颂歌。

当我问他那是什么时，他从《大涅槃密续》中读出了上面的原文。对此我很高兴。但由于它带有一神教教义的色彩，我无法完全接受它。所以我有所改动，使它符合梵法。原始赞美诗分为五个部分（五宝篇章）。第一节的前两行是这样写的：

"向存在致敬，所有世界的避难所！

向智慧致敬，你是显现为宇宙的真我！"

我将这两句改成了：

"我们向你致敬，这个宇宙的真理和事业之神。

我们向你致敬，你是智慧的精华，也是一切的维护者。"

在第三行和第四行，原文是：

"向独一无二、救恩赐予者梵致敬；

礼敬梵，他无所不在，无象无常。"

我换成了：

"你是拯救的赐予者，是唯一的上帝，没有第二个；

永恒且无所不在的梵，我们向你致敬。"

在第二节经文的第二行出现了这样的话：

"你是一，你是世界的原因，在宇宙中显现。"

我取而代之的是：

"你是独一无二者，世界的保护者，自我示现者。"

在第三节的第四行，对于"保护者的保护者"一句，我改为了"所有秩序的保护者"。

第四节我将其完全省去。

第五节的第一行:"我们只怀念你;我们只于此沉思",我改为了"我们怀念你,我们向你祈祷。"

下面一行的"只有在你之前"被我改为"我们在你面前"。

在做了这些修改之后,我通读了一遍,发现这首赞歌现在非常优美。根据梵法,神就是宇宙的创造者,而非宇宙中的物质。因此我在第一行说,"(你是)这个宇宙的真理和事业之神",并在第二行提到"你是智慧的精华,也是一切的维护者"。在这之后,"他是宇宙的创造者和支持者,他是我们的救主,他是梵,无所不在,超越时间,永恒常在"。在修改这首密续颂歌并把它翻译为孟加拉语的过程中,塔瓦维吉什给了我至关重要的帮助,为此至今我仍感谢他。

然后我又写了一段祷词,作为我们敬拜神明仪式的结尾:"哦,至高的灵魂啊,指引我们脱离因妄想而犯下的罪,保护我们远离邪恶的欲望,使我们可以努力走在你指定的道路上。"

这种形式的敬拜在公元1845年被引入梵社。在那时对颂歌的念诵还未有孟加拉语版本的翻译,后者直到1848年之后才开始被诵唱。这种敬拜在梵社里落地发芽之前,修士们过去只会诵读吠陀经典、奥义书的节选和拉玛钱德拉·维迪亚瓦吉什写的注释,并唱一些赞歌。

第十一章

我早前通过神明恩赐的贫乏理解所得到的那种真理，我在奥义书中找到了其更为生动的表达形式。对此，我的意识与心灵都感到无比满足。在奥义书中，我发现他就是那个真实、睿智而永恒的梵。曾经自然无拘无束的巨大能量让我感到极大的惊惧。现在我清楚地意识到有一个统治者统治着自然，一个真正的存在掌握着自然的缰绳。他轻轻抽动一鞭便能让世界转动，他是万王之王，伟大的国王。他是我们的父亲、母亲和朋友。知道了这一点，我摆脱了所有的恐惧，并通过崇拜他来满足我内心的渴望。我独自一人，在孤寂中，我感受到了他崇高而光荣的力量。在梵社我和我的弟兄们一起歌颂他；我和我的朋友一起呼求他，他是我们大家的朋友。我所有的愿望都由此彻底实现。

只要我还没到达神明那里，我曾认为这世上的所有人都是被爱而幸运的，只有我是不幸的；那么多的人匆忙地拥向神明——那么多的人来到维斯外丝瓦尔①，那么多人来到贾格纳特神殿②，那么多的人来到德瓦卡和哈利瓦——这些人数不胜数。这些庙宇里处处是神明，洋

---

① Visweswar，位于印度贝拿勒斯的神庙。
② shrine of Jagannath，位于普里，是毗湿奴信仰的圣地之一。

溢着虔诚的狂喜，回荡着神圣的敬拜之声；但对我来说，它们里面都是空的。能看到我可以崇拜的神明，能够站在他的面前，能用我的内心奉献来敬拜他，歌唱他的荣耀——这是我炽热的渴望，它曾经让我痛苦不堪，就像无水时的干渴一般。现在，这种渴望得到了满足，我所有的悲伤都消失了。

过了这么久，我意识到了这位大慈悲者的仁慈，即他从不放弃他虔诚的崇拜者。寻求他的必能寻见。如果他放着我不管，我会成为这个地球表面上一个贫穷、悲惨和不幸的流浪者，而这是他无法忍受的。因此他向我显明了自己。我看到"他在天空，充满能量和不朽，至高无上，无所不知"。这个无所不知、光芒四射、不朽的存在遍及所有空间。在宇宙神殿中，我看到了宇宙之主。没有人可以把他放在任何地方，没有人可以用手来制造他。他永远存在于他自己之中。我找到了我所崇拜的神明，通过单独或是与他人一起敬拜他而升华了我自己。当我接近他的存在时，我心中的希望现在已经完全实现了。收到这么多，我很满足；但他不满足于给予这么少。他想给予更多——就像母亲给她的孩子一样，他还想给予更多。他甚至想要恩赐我，我从来不知道、我从来没有要求过的。

尽管我觉察到格雅特不太适合作为大众敬拜梵的方式，我仍然坚持对女神萨维塔里①的拥护并从不离弃她。一代又一代人，我们在格雅特曼陀罗中启蒙。它流淌在我们的血脉里。我曾忘记了这种梵唱，尽管在我的圣线仪式时我就曾在其中开蒙。我一领悟到格雅特对梵崇拜的效力，就像拉莫汉·罗伊说的那样，它立刻就沉入了我的灵魂

---

① Goddess Savitri，格雅特曼陀罗的拟人化身。

之中。通过不断回忆复诵它的含义，我在其中冥思以获得内心至强力量。当我第一次将梵宣言写下来时，我在其中也加入了通过格雅特曼陀罗来敬拜梵的内容。尽管我没有成功地通过弘扬格雅特曼陀罗来使他人从中获益，在我自身修行过程中却受益良多。每天在进食之前，我都会保持头脑警觉、意识集中，以格雅特的形式敬拜我的神明，完完整整地履行梵法的要求。

格雅特的深刻意义开始一天天地在我的脑海中显现出来。渐渐地，那位派遣我们的神明的精神渗透了我的整个心灵。到了这个时候，我坚信梵不仅仅是我个人内心的一位沉默的见证人。他是一个常住内心的灵魂，不断启发我的思想和意志。以这种形式，我与他建立了深刻而生动的联系。以前我认为远远地向他敬拜就足够了。现在我理解了出乎意料的真相，神明离我不远，不仅是一个无声的见证，而且他就住在我的灵魂里，激发我所有的想法。这下我知道我不是无助的。他是我永远的住客。不认识他的时候，我悲伤沮丧地徘徊；即便如此，他仍寄居在我心中，逐渐打开了我内在的眼睛，智慧的眼睛。一直以来我都不知道他在牵着我的手，现在我自觉地在他的带领下行走。

从此刻起，我开始训练自己听从他的旨意，明白自己的喜好和他的意愿之间的区别。那些在我看来是我个人欲望的阴险诱惑，我小心翼翼地去避免；那些在我的良心看来是神明意志的，我试图去遵循。然后我祈求他以公义激励我，以道德力量保护我，赐予我耐心、勇气、刚毅和知足。修行格雅特曼陀罗让我得到了如此的意外之喜！我见过他，听过他命令的声音，成为他永远的伴侣。我可以看出他在引导我，寓居在我的心里。就如他居于天空，指引着星辰，他也居于我的心中，启迪着我所有的正念，指引着我的灵魂。每当我在孤独和黑暗中违背他的意愿行事时，我立刻感受到他惩戒的伟力；我立刻看到了他可怕的脸庞，"内心泛起的恐惧如升起的霹雳"，我血管里的血液都凝固了。再一次，每当我私下里做了一些好事，他便公开奖励我；我看到他慈祥的容颜，我的心都被圣水净化了。这种感觉永远铭刻在我的心里。他像上师一样教导我智慧，并促使我行善，因此我感叹："您也是父亲，母亲，您是上师和所有智慧的赐予者。"在惩罚和奖赏中，我只看到了他的爱。被他的爱养育，跌倒然后再爬起，我已经走到了这一步。那时我28岁。

第十二章

以前看到人在小神龛里祭拜虚构的有限之神，我就在想，什么时候才能在这个宇宙的殿堂里，和自己的无限真神面对面敬拜他呢？这种渴望日日夜夜在我心中燃烧。醒着或睡着时，这都是我的一个愿望、我唯一的想法。现在，在天上看到了这位光辉不灭的存在，我所有的愿望都得到了满足，我所有的折磨都结束了。

我满足于得到这么多，但神明却并不满足于给予这么少。长久以来，他一直存于我之外。现在他在我内心显明了自己，使我在我的灵魂里看到了他。世界之主成了我内心圣堂之主，从此我开始聆听无声而庄严的宗教教义。命运对我的青睐超出了我的所有期望。我得到了比我所希望的更多的东西，并且以残破之躯爬上了那高山。我无法知晓他慈悲的边界。当我找到他时，我内心的渴望比起寻求他时增加了一百倍。我现在看到的一点点他，我能听到的一点点他的声音，都不足以缓解我的饥渴。就像那句话说的，"你喂得越多，贪婪就越大"。

"哦，我的主，我现在已经看到了你，你得以更生动地向我展示你自己。我收到如此恩赐以至于能聆听到你的声音，那声音倾泻出越来越甘甜的琼浆。请让你的美丽永恒不变地显现在我面前。现在你出现在我面前，又像闪电一样消失；我无法把握住你的存在。你永远住在我的心里。"在说这些话的同时,他的爱之光像清晨的阳光一样进入了我的心。没有他,我就像一个死人一样,内心空虚,陷入沮丧的黑暗中。现在,当爱的太阳升起时,生命重新注入了我的心,我从沉睡中醒来,悲伤的阴郁一扫而光。找到神,我的生命之流喷薄涌动,我获得了新的力量。好运的潮水涌来,我成了爱情路上的朝圣者。我现在才知道,他是我生命中的生命,是我心中的朋友;没有他,我一刻也不能活下去。

第十三章

一日清晨,在1767年比萨赫月里①,我正在阅读文章。此时我们银行的一位员工,拉金德拉纳特·瑟卡,满眼噙泪找到了我。他说:"上周日我的妻子和我最年幼弟弟梅香德拉的妻子正准备乘车去参加一个派对,梅香德拉这时冲了过来,把他的妻子从马车中生拉硬拽了出来,并胁迫她一起去达夫博士家成为基督徒。我父亲在多次尝试把他们带回来无果之后,在最高法院发起诉讼。但是他的诉求却被驳回了。我去到达夫博士那,告诉他我们将再次提出申诉,恳求他在第二次判决做出之前不要为我的兄弟和嫂子施洗。但他对我的恳求充耳不闻,昨晚为他们施洗。"拉金德拉纳特哭了起来。

对此我感到非常愤怒和痛苦。他们甚至敢把我们神圣的泽纳娜姐妹②变成基督徒!等一下,我会让这一切画上休止符的。这么说着,我立马让阿克谢·库玛尔·达塔动起了笔,在《塔瓦菩提尼期刊》上发表了一篇文章:"连我们泽纳娜的姐妹们都从她们自己的宗教中脱离出来并加入其他宗教,我们难道不应该被这种可惧灾难的直接证据所惊醒吗?我们还要沉浸在碌碌无为的昏睡中多久?请注意,我们的

---

① 公元1845年。
② Zenana ladies,指印度社会中的贵族妇女和富家千金。

宗教正分崩离析，我们的国家正走上衰亡之路。我们每一个印度人的名字正面临被永远抹去的危险……因此，如果你仍关心自己和家人的福利，如果你仍希冀国家进步并对真理有所信念，那么就让你的儿子们远离与那些人员的一切接触。不要让你的儿子去他们的学校，并立刻行动起来使孩子们以应有的活力去锻炼心灵。你们或许会说，除了教会学校，还有哪里能让穷人的孩子接受教育？但是这难道不是一个令人落泪的耻辱？为了传播他们的宗教，基督徒们不惧艰险远迈重洋来到印度，在每一个镇子和村落建立起学校；而我们却没有一所自己的学校以供孩子们接受教育。如果我们联合起来，我们难道不能建立起同样好甚至更好十倍的学校吗？有什么是团结一心做不到的事？"

阿克谢·库玛尔·达塔的文章在期刊上发表后，我夜以继日、不停歇地坐上马车去拜访加尔各答的领袖和杰出人物，恳求他们采取措施使印度孩童不再需要上教会学校并能在我们自己的学校中上学。我一方面去找大公拉达坎塔·德布和大公萨提亚查兰·戈萨尔，另一方面去找拉姆戈帕尔·戈斯——我找到了他们每一个人并尽我所能鼓动他们。他们被我的热情所点燃。这股热情甚至消弭了正法修会和梵社间的对立和所有分歧。所有人都站在了同一战线上，竭尽所能避免孩子们去基督教学校上课并被转变成基督徒。在贾什塔月的13日，一场盛大的会议宣布召开，将近一千人参与了会议。会议决定，就像传教士们有免费学校一样，我们印度人也要有供孩童免费上学的学校。我们等着大家在捐赠书上签名，阿舒托什·德布和普拉玛萨纳斯·德布在他们的名字下写上了10000卢比。大公萨提亚查兰·戈萨尔捐赠了3000卢比，大公纳特·达尔2000卢比，大公拉达坎塔·德布1000卢比。就这样我们四处筹集到了共计40000卢比。这使我们感觉我们的劳动最终有了回报。作为会议的结果,一个名为印度缮学会(Hindu-hitdrthi)的教育性机构成立了,大公拉达坎塔·德布·巴德尔被任命为主席以开展工作。哈里莫洪·孙和我成了秘书。巴德卜·穆霍帕达亚先生是这所学校聘请的第一位老师。此后,基督徒皈依的潮流被遏制,传教士的事业受到严重打击。

第十四章

当我在奥义书中发现梵的知识和崇拜真神的体系,并且当我知道奥义书是整个印度都承认其权威的经典时,我决定通过以宣讲奥义书的形式传播梵崇拜。我们所有的神学家都将奥义书尊为吠檀多,是所有吠陀经的最高点和精髓。如果我能以吠檀多为基础宣讲梵法,那么整个印度都会皈依同一个宗教,所有的纷争都会结束,所有的人都会被普遍的兄弟情谊团结起来,祖国母亲从前的勇气和力量将会恢复,并且最后她会重新获得她的自由。这就是当时我心中的崇高愿望。偶像崇拜的宣传和情境主要见于密续①和往世书②,并且这些内容从未出现在吠檀多中。

如果每个人都能从密续经典和往世书中解脱出来,转而学习奥义书的话;如果每个人都能获得奥义书中有关梵的知识并献身于对真神的崇拜,印度将最为受益。

为这一宏愿扫清障碍是我唯一的目标与使命。奥义书是吠陀经最为精华的部分,吠陀经的学说和结论是吠檀多哲学曲折探索的最终产

---

① Tantras,密续是往世书之后的经典。
② Puranas,往世书是成书时间晚于奥义书的印度教经典,往世书与密续都包含许多奥义书及更早文献中所缺乏的偶像崇拜内容。

物，但这些吠陀经典对我们来说却是封闭的。拉莫汉·罗伊出版了部分奥义书篇章，我同样收集了一部分未经刊印的书稿。但是我们无法从广泛的吠陀文献中学到任何东西。吠陀经在孟加拉国几乎绝迹。逻辑学和法学经典在每个梵文学校中都有教授，许多精通这些经典的专家从那里涌现，但吠陀经完全被忽视了。那些婆罗门的义务，即学习并教授吠陀经，已经从这个国家消失很久了。婆罗门虚有其名，失去了所有吠陀知识，只是背负着他们并不了解的圣线。除了一两个博学的婆罗门专家之外，他们甚至不知道他们每天祈祷的意义。

我强烈渴望着能彻底学习吠陀经。贝拿勒斯是吠陀文化的所在地，所以我打算派学生去那里学习吠陀经。印度历1766年[①]，我派一名学生到贝拿勒斯。他在那里收集了所有原始的吠陀手稿，并开始研究它们。第二年，另外三人被派往那里。这四个学生是阿南达·钱德拉、塔拉克纳特、班什瓦和拉马纳特。

当我把他们送到贝拿勒斯时，我父亲在英国。管理他各项事务的任务交给了我；但我无法妥善处理任何业务事宜。我的下属过去做了所有的工作，而我只关心吠陀经、吠檀多、宗教、神明和生命的最终目标。我甚至无法安静地待在屋子里。随着商业上的压力和忧虑，我与世界的疏离感逐渐增加。我不想成为这些财富的所有者。放弃一切，独自流浪，这才是我心中的愿望。充满神的爱，我会在无人知晓的寂寞地方漫游；我会在陆地和水上看到他的荣耀，在不同的地方看到他的怜悯，在异国他乡，在危险中感受到他的守护之力。在这种渴望的热情中，我在家一刻都待不住了。

---

① 公元1844年。

印度历 1768 年[①]的色拉瓦那月，正值雨季，我乘船上恒河。我的好妻子萨拉达·德维泪流满面地走过来对我说："离开我，你会去哪里？如果你真的要去，那就带我一起去吧。"所以，我为她雇了一条小舟，允许她同行。她和德维金德拉纳特、萨蒂恩德拉纳特和拉宾德拉纳特一起坐到了小舟里，而我和拉杰纳拉扬·波士一起坐了一艘宽敞的船。德维金德拉纳特当时 7 岁，萨蒂恩德拉纳特 5 岁，拉宾德拉纳特 3 岁。

拉杰纳拉扬·波士的父亲名叫南多克舍尔·波士。他是拉莫汉·罗伊最喜欢的学生。我很高兴结识了一个虔诚而温文尔雅的人。他在公元 1844 年后接受了梵。"如果拉杰纳拉扬成为梵修士，那将是一件非常好的事情。"拉莫汉·罗伊总是这样说。他没有活着看到这个愿望成真。他死后，拉杰纳拉扬先生前来找我。从那一刻起，我就把他当成了我的朋友。他是当时最杰出的英国学者之一，以受过良好教育而闻名。他的学识、谦逊和虔诚，一天天地吸引着我。终于在公元 1845 年，他宣布自己为梵修士。他的宗教观点与我的完全一致。在他身上，我看到了一个热情的同道中人。我特地把当时传教所需的英语阅读和写作事务都托付给了他。我曾经向他讲解过卡塔和其他奥义书；他将它们翻译成英文，并将这些译文发表在修会期刊上。虽然那时他并不富裕，但他总是很开朗，我们总能看到他脸上的笑容。那时他是我形影不离的伙伴；我非常喜欢和他进行宗教讨论。我曾经视他为家人。

当我和家人一起旅行时，我带着拉杰纳拉扬先生，他留在了我

---

① 公元 1846 年。

的船上。我的妻子和儿子在小舟上。我们兴致勃勃地开始了我们的旅行。色拉瓦那月湍急的水流不断冲刷着我们,我们缓慢而艰难地前进。到达胡里花了三四天时间。两天后到达卡尔纳时,我们着实走了很长一段路。就这样一路前行,当我们离开帕图利后,有一天凌晨四点,我对拉杰纳拉扬先生说:"去完成你今天的日记吧。大自然的美丽光辉耀眼,不能错过如此美好的事物。来吧,让我们去甲板上坐着。"他说:"现在还早,谁知道我今天的日记会记载什么事情呢?"我一边跟他说话,一边看到西边乌云密布,一场大风暴恐在酝酿。"让我们到小舟里去,"我对拉杰纳拉扬先生说,"在暴风雨中待在大船上是不安全的。"船夫把船放在小舟旁边。我坐在甲板上,双脚搭着船梯,而两个船夫尝试把我们的船和小舟系在一起。此时,附近有另一艘船正被拖走,它的拖绳纠缠住了我们的桅杆顶部。我们中的一个人试图用一根长杆子把它移开,我那时正看着他这么做。用杆子的船夫无法承受杆子的重量,杆子马上就要从他手中滑落掉到我头上。"小心!小心!"的叫喊声从四面八方传来,现场一片喧哗。我还在抬头看桅杆。船夫使出浑身解数,才勉强使下落的杆子避开了我的脑袋,但没法完全避过我。杆子的末端碰到了我眼角附近的眼镜架。我的眼睛得救了,但杆子尾部深深地刺进我的鼻子。我摘下眼镜,血流如注。然后我从甲板上下来,开始清洗血迹。风暴的事被遗忘了,我们都有些措手不及。船夫紧抓着小舟,小舟就这样随大船航行了。

突然,一阵狂风吹来,把小舟的桅杆折断了。断了的桅杆连同它的帆和绳索与船的桅杆纠缠在一起,掉在了我一直坐着的甲板上。现在它一直悬在我的头上。小舟带着剩下的残破的帆,在风暴中向前冲去,拖着大船跟着它。将两艘船系在一起的船夫们再也控制不住了。

由于小舟的拉动，船向一侧倾斜。那一侧几乎与水齐平，仅高出一指宽。一个声音叫喊着要用刀切断缠在桅杆上的绳子。一把刀！但是去哪找刀呢。有人带着一把钝刀爬上了桅杆，一击接一击地试图切割绳子，但用钝器是无法割断绳索的。历经千辛万苦，一根绳子被砍断，又一根绳子被砍断了三分之一。拉杰纳拉扬先生和我默默地注视着水面。我们前一刻还在此处，下一刻就被卷走了。生与死就在转瞬。拉杰纳拉扬先生的眼睛凝视着，他的声音很小，而身体僵硬着。船夫们还在割绳子。又刮起了一阵猛烈的风。"又来了。"船夫们一边扯断绳索一边喊道。船就这样被松开了，它立马像箭一样射向对岸，并停靠在了岸边。我立即跳上陆地，并帮助拉杰纳拉扬先生也爬上了岸。

我们现在已经安全着陆，但小舟仍在向前冲。"快停下，快停。"船夫喊道。此时已是夕阳西下，傍晚的阴影和乌云的阴沉使天色有些晦暗。在黑暗中，我无法完全确定小舟是否停了下来。从另一个方向，我看到一艘船正快速向我们开来。它很快就出现在我们身边。"这又是什么东西，"我想，"会不会是一条盗贼船？"我感到惊慌。一名男子从船上跳下。我看到那是我们自己的侍从。他的脸色悲伤而憔悴。他给了我一封信。我在黑暗中费了很大力气，才勉强读出里面的内容，信中似乎提及了我父亲去世的消息。侍从说："整个加尔各答都乱作一锅粥。有几个人乘船去找你。在我之前还没有人能找到你，现在我总算没白受一路的苦，因为我终于找到你了。"这个消息像晴天霹雳一样降临在我身上。我心怀悲戚而默不作声地渡向系在我船上的小舟，踩着小舟登上船，在灯光下清楚地阅读了这封信。此时什么事情都做不了。（因此）那时我没有告诉任何人我父亲去世的消息。

第二天一早，我便转而启程回加尔各答。我的船是十四桨的。木板钉在两边的内部长凳上，地毯铺在上面。我带着我的妻子和孩子坐在里面。把整个小舟都交给了拉杰纳拉扬先生，并请他从容不迫地跟着我们。在帆和桨的推动下，船在恒河9月的洪流中飞快地向前冲去，我的思绪却仍奔驰在它的前面。乌云密布的天空中，风雨声不断。中途在到达卡尔纳之前不久，在一片开阔地附近突然刮起了一阵强风，以至于船几乎要倾覆了。然后船顺着岸边浅滩漂着。船夫们立即跳上陆地，将船系在附近的一棵树桩上，以确保船上人员安全。在我看来，那个树桩是荒野中名副其实的避难所，也是一个真正的好朋友。五分钟后，我急于回家的焦虑促使我放开牵船的绳子，重新踏上归途。

当日光几乎完全消失时，我从云层之间瞥见了苍白的太阳。然后我们到达了苏克萨加尔。我们在日落时分到达了钱德纳戈尔。这时候，船员的手已经酸胀麻木了。在持续不断的紧张事态之后，他们再也无法工作了。祸不单行，涨潮也来了。这对我们的航行是一个很大的障碍。从这里到帕尔塔花了许多时间，我们直到晚上八点才抵达。在这里，船开始向一侧倾斜。从早上到晚上，雨一直下个不停。为了躲避突如其来的阵风，我们不得不时不时停下船。船夫浑身湿透，冻得发抖。我们一到帕尔塔，一个河边的人就过来告诉我们一辆马车已经准备好了，听到这个消息，我垂头丧气的心情又恢复了。那之前我一直僵坐在船上，没有动弹，也没有起身——现在我听到马车的消息，起身来到船舱门外站着。在那里，我发现自己站在齐膝深的水中。水已经填满了船的货舱，高出地板一英尺多。这些都是雨水。我之前没有意识到这一点。假使在帕尔塔没有马车等着我们，而我们乘船直奔加尔各答，那船肯定会随着水的重量而沉没，我就不会活着来讲述这个故事了。

下了船，我们一行人上了马车。路上全是积水，马车的轮子深陷在水里，艰难前行。午夜时分，我们艰难地回到家。到家时每个人都睡着了，没有一个灵魂还醒着。我把我的妻子和孩子送进了里面的公寓，我自己上了宅邸的三楼。在楼上，我的表兄弟布拉加绅士来迎接我。看到他这样一个人等我到这么晚，我有点害怕——却不知为何。

第十五章

我父亲于印度历 1768 年在伦敦去世。他终年 51 岁。我最小的弟弟纳根德拉纳特和我的堂兄纳宾·钱德拉·穆克吉都在他临终前陪伴在他的床前。我在巴德拉时接到这个消息。暗月的第十四天,我和二哥一起去了恒河对岸,烧了一个草木造的塑像,完成了他的葬礼仪式。从这一天算起,我们进入传统习俗中的十天服丧期,并进入丧期斋戒①。在这段服丧期间,我按照社会礼节,每天早起,赤脚走来走去,直到中午去拜访加尔各答的所有领导。从中午到晚上,我常常在家里接待这些先生,我虔诚地举行了父亲去世时作为儿子理应遵从的所有严格仪礼。我最小的叔叔拉马纳特·泰戈尔发出了一个警告,说:"注意一下,现在不要歌颂梵搞得吵吵闹闹。我大哥太出名了(这样做影响不好)。"

当我去见大公拉达坎塔·德芙时,他让我在他身边坐下,善意地询问了我许多关于父亲的事,并对他的去世表示由衷的悲痛。他非常喜欢我,并以朋友的身份建议我:"你应该按照经典中规定的规则正确地进行施拉达仪式。"我以应有的尊重对他说:"我已发了信仰梵的

---

① 斋戒期间只食用米、蔬菜等放在一锅中简单烹饪的餐食,被认为是极度悲伤时期的饮食。

誓，不能做任何违背誓言的事情。因为如果我这样做了，我就犯了叛信的重罪。但我将执行的施拉达仪式将符合奥义书的最高教义。"他回答说："不，不，那是行不通的；如果你那么做，施拉达仪式将不符合社会公认的标准。那将违背社会的良好礼仪。听我的建议，一切都会好起来的。"

我跟我的二哥吉林德拉纳特说："既然我们现在是梵修士，我们就不能在施拉达仪式中引入沙利格拉姆①这种偶像崇拜元素。如果我们那么做了，那么我们成为梵修士的意义是什么呢？我们一起发誓又是为了什么呢？"他低下头轻声说："这样所有人都会抛弃我们，所有人都会站在我们的对立面。我们还如何在世界上立足？我们的家庭不会发展顺遂，而且我们自己会举步维艰。""就算这样，我们也不可能支持偶像崇拜。"我说道。

在这件事上，我没有得到任何人的任何支持。就连我亲密的兄弟也向我的热情泼了一盆冷水。每个人都反对我的观点。反对我的势力如此强大，就好似我做的决定会害死他们所有人似的。他们似乎认为，我的一个选择能救赎或是杀死他们所有人。一方面我被孤立着独自一人，另一方面我要与所有人对抗。没有人说出一句期许或鼓励的话。

当我四面楚歌、绝望无助、亲朋离散之时，只有一位坚定的梵修士来到我身边，给予我帮助并对我的悲伤表示理解。"畏惧世俗？有什么好畏惧的！你只需要畏惧那唯一的神明，他无惧于除自身外的万物。在宗教面前，人类有什么罪过？生命本身可以为了宗教而抛弃。

---

① 毗湿奴的化身。

我们应该遵从梵法，即使以我们自己的生命为代价。"

这个人是谁？是拉拉·哈扎里拉尔。在这场危机中，我了解到西北各省的印度斯坦人在宗教信仰和勇气方面优于孟加拉人。他站在我身边，站在我身边，与我心心相印。曾几何时，当我的祖父去布林达邦朝圣时，他在那里找到了一个无助的孤儿哈扎里拉尔，并把他带到了我们家。他给了他一个家，并为了他未来能过得好倾尽全力；但事实证明，在这种情况下，往往事与愿违。在他来到加尔各答后，被城市生活的恶性潮流冲昏了头脑。没有人照顾他，没有人关心他的遭遇；他与坏人交往，过着堕落和放荡的生活。在这种邪恶的困境中，他靠着梵的恩典找到了梵教义的庇护。梵法的力量灌进他的内心，在梵的帮助下哈扎里拉尔克服了罪恶的倾向，回到了善行的道路上。这位哈扎里拉尔后来成了一位梵传教士。通过接受梵法，他从曲折的罪道中解脱出来，并在这时候试图将其他人也带入善行。他开始向加尔各答的每一个人，无论贫富、智慧和尊贵，指明梵法中的至善之道。完全是因为他的努力，才有这么多人在这么短的时间内成了梵修士和信徒。是他在这艰难的时刻对我说："为什么害怕世俗之人？神和人，哪个更伟大？"他的话让我充满了勇气和热情。神明的火在我心中燃烧得更亮了。

这些外界议论和内心压抑使我晚上辗转反侧。我失去了父亲；然后一整天都有社会责任的忧虑和烦恼。除此之外，我内心还有一种精神上的斗争：哪个会胜利，是世俗还是宗教？——谁也说不准：这正是我担心的。我不断地向梵祈祷："求你给我软弱的心以力量，成为我的避难所。"所有这些焦虑和烦恼都剥夺了我晚上的睡眠，我靠在枕头上发呆。我会不时打瞌睡，然后再次醒来。就好像我在清醒和睡眠之间的边界。这时，有人在黑暗中走过来对我说："起来。"我立刻坐了起来。他说："下床。"我就起身；他说："跟我来。"我跟着。他走下通往内室的台阶；我也照做了，和他一起来到院子里。我们站在前门前。守门人正在睡觉。我的向导碰了碰门，两扇门一下子打开了。我和他一起走到房子前面的街道上。他似乎是一个影子般的幽灵。我看不清楚他，但觉得自己不得不立即去做他吩咐我的任何事情。在街道那儿，他逐步登上天空；我也跟着他。一簇簇的恒星和行星在我的左右和前方散发出耀眼的光芒，而我正穿过它们。在途中，我进入了一片雾海，那里不再可见星尘和行星。穿过雾海走了一段距离后，我遇到了一个静止的满月，就像那片雾气腾腾的海洋中的一个小岛。我离得越近，那个月亮就越大。它不再是圆的，而是像我们的地球表面一样平坦。幽灵似的化身去往那里，站在那个世界上，我也跟着这样做了。地面全是白色大理石。那里没有一片草叶——没有花朵，没有果实。只有那片光秃秃的白色平原向四周延伸。那里的光不是来自太阳。它闪耀着自己的光芒。没有一丝阳光可以穿透周围的薄雾。光线非常柔和，就像我们世界里那种白天的阴影一样。这里的空气令人愉悦。

在我穿越这个世界的过程中，我进入了其中一个城市。所有的房子和所有的街道都是白色的大理石；在干净明亮的街道上看不到一个人。没有听到任何噪声，一切都平静而祥和。我的向导进了路边的一所房子，上了二楼；我也跟着他去了。我发现自己在一个宽敞的房间里，里面有一张桌子和几把白色大理石椅子。他让我坐下，我坐在其中一把椅子上。幻影随即消失。没有其他人在那里。我静静地坐在那个寂静的房间里；不久之后，房间前面一扇门的窗帘被拉开，妈妈出现了。她的头发松散着，就像我在她去世那天看到的那样。当她死的时候，我无法设想她已经去世。甚至当我完成她的葬礼后从火场回来时，我都不敢相信她已经死了。我确信她还活着。现在我看到了我面前的那个活着的母亲。她说："我想见你，所以我派人来找你。你真的变成了一位精通梵奥义的贤者了吗？ Kulam pavitram janani kritartha①。"看到她的脸庞，听到她的话语，我的恍惚迷惑被汪洋般的喜悦淹没了。猛然间，我发现自己还在床上翻来覆去。

施拉达仪式的日子到来了。在我们的宅邸前的西院里，我们搭起了一个棚屋，并装饰以在陵前供奉的金银饰物。随着时间推进，四四方方的院落里挤满了朋友和血亲、姻亲。我选择了一个不包含偶像崇拜内容的文稿，并提前叫沙曼查兰·巴塔查里亚提醒我在分发礼物时重复这一段祷言。另一面，牧师和亲戚们把沙利格拉姆石摆在庭院中央，等待着我的到来。四面八方都有些许噪声和混乱，人们心中疑窦暗生。与此同时，我带着沙曼查兰·巴塔查里亚来到施拉达棚屋的一端，开始用之前选定的祷言供奉献物。在我们已经用这种方式献了两三个供品后，我的堂兄马丹先生（Madan Babu）注意到了我们，惊呼道："你们都在这里做什么？供品正在那边敬献。这里没有沙利格拉姆石，没有牧师，什么都没有。"其他地方又起了一阵骚动；人们交头接耳，"他们不会让那些唱诵师进来的。"尼拉坦·哈达尔说："唉！家主过去非常喜欢听唱诵师的圣歌。"我最小的叔叔拉马纳特·泰戈尔问我："你为什么禁止唱诵师来？"我说我对此一无所知，也没有禁止他们。他说："你好好看看，哈扎里尔不让唱诵师们进屋！"我急忙

---

① 意指"我们的家族因此被圣光笼罩，饱受神明恩宠，我作为母亲期盼孩子的愿望也因此得到满足"。

献上十六件供品和其他礼物,然后跑上三楼我自己的房间。

在那之后,我没有见任何人;我被告知吉林德拉纳特正主持施拉达仪式。中午过后,所有这些混乱都消退了,我与沙曼查兰·巴塔查里亚和几位梵修士一起到下面铺着大理石的房间,读了《石氏奥义书》;因为《石氏奥义书》中写道,任何人在施拉达仪式期间诵读此奥义书,将因此收获永恒的果实。那天没有进一步的事情发生。朋友、亲戚和远方的熟人,每一个远道而来的人都参加了盛宴,然后各自回家。第二天,没有亲戚来赴宴。他们都抛弃了我。我的叔叔、我的堂兄弟和我的四个阿姨都留在我身边。他们每个人都被安排住在不同的房子里,这样其他人就不能聚集起来责问我或者对我发起抗议。

我对吉林德拉纳特说:"你通过主持施拉达仪式得到了什么?没有人承认它是有效的,但因此你违背了你的誓言。那些你试图通过违背你的宗教来取悦的人却没有参加家族晚宴。"普拉萨纳·库玛尔·泰戈尔遣人送来消息说:"如果代温德拉不再这样做,我们都会接受他的邀请。"我回答说:"如果我能这么做的话,那我为什么还要大惊小怪搞这一套呢?我立誓再也不参与任何偶像崇拜活动了。"这是第一次按照梵法的仪式在没有偶像崇拜的情况下进行施拉达仪式。朋友和亲戚离弃了我,但神明却把我拉近他身边。我在梵法的胜利中获得了精神上的满足。这就是我所渴求的全部。

第十六章

我父亲第一次访问欧洲是在 1841 年的 12 月。然后，他在休利、帕布纳、拉杰沙希、卡泰克、米德纳普尔、朗布尔、蒂珀拉等地区置办了大量产业，并在染料制造、硝石、糖和茶等产业中开展了广泛的业务。除了所有这些之外，还在拉尼古杰开采了煤矿。那时，我们家族在世间的繁荣达到了顶峰。他敏锐的智慧让他明白，如果将来这些广泛事务的管理权交给我们这些子嗣，我们将无法应付。如果我们这些子辈在商业上失败了，先前通过自我打拼获得的大量土地产业也会一同失去，而我们的祖传庄园贝拉欣布尔和卡泰克也将遭遇同样的命运。他的商业帝国的衰落也会导致我们先祖遗产的损失；这正是我父亲心中的焦虑。因此在 1840 年，在去欧洲之前，他起草了一份信托契约，将我们祖传的拉欣布尔和卡泰克庄园以及我父亲自己获得的两处产业一起打包写入了信托：这两处产业分别位于德里的沙哈扎德布尔和帕尔加纳的迦梨格拉姆。他将这四个庄园交给了三位受托人。所有的财产都归他们所有，而我们这些孩子是受益人。他的这一举动证明了他对我们的爱，以及他对未来敏锐的洞见。

在他第一次访问欧洲回来六个月后，即印度历 1765 年[①]巴德拉

---

① 公元 1843 年。

月时,父亲立下遗嘱,将他所有的财产平分给我们三个兄弟。祖屋分给我,位于拜塔卡纳的三层房子分给我二哥吉林德拉纳特,我们家住宅西面的整个空地分给我最小的弟弟纳根德拉纳特,加上一笔两万卢比的资金来资助他盖房子。我父亲在我们的卡尔与泰戈尔公司有一半的股份,另一半的股东是某些英国人;我在这个公司原来也有些许股份。我父亲把他在公司中的一半份额留给了我一个人,但我并没有自私地全部据为己有;我们三个兄弟私下里平分了它。

吉林德拉纳特的商业头脑非常好。有一天,他成为公司的合伙人后,向我提出了以下建议:"既然公司的全部资本都是我们的,为什么要和这些英国人分享利润呢?""为什么不把生意全部攒在我们自己手里?"这个想法并没有打动我。我说:"这不是一个合理的提议。英国商人们现如今的工作精力和对商业目标的笃定,是源于他们知道自己是公司的合伙人。如果英国人被剥夺权利,他们就不会再对我们的事业有这样的动力了。我们永远无法独自经营这项庞大的事业;英国人对于开展工作是绝对必要的。作为合作伙伴,他们当然可以分享利润;但如果经营面临损失,他们也必须相应地承担他们的部分。然而,假使他们不再继续是合伙人,而是成为有酬劳的雇员,无论如何我们都应该有义务支付给他们高额的薪水,而他们也不会像现在这样关注公司的福祉。因此,我不赞成你的提议。""但是,"他争辩说,"英国老爷们自己没有单独的财物或资产。如果我们的公司陷入困境,那么债务将只会落在我们身上;是我们自己的财产将被没收,是我们自己要结清所有账目,是我们自己的产业将不得不出售以偿还所有债务。他们现在分享利润,但在亏损的时候,他们将不会承担任何损失。他们享受了利润就会离开,而我们将不得不担下所有亏损,牺牲我们所拥有的一切。看看现在发生了什么。我们所有的钱都被注入了公司；我们给的钱越多，它变得越饥饿，没有什么可以满足它对资本的凶猛索取。英国合作伙伴们却没有贡献任何东西。"听他这么说，我赞叹他的商业才能，并把公司的全部控制权交给他，这样我自己也有足够的闲暇在梵社工作。

我们三个兄弟现在成了整个公司的独资经营者。我们聘请了前英国合作伙伴的服务；按前合伙人们各自所占有的份额不同，有些人以每月1000卢比的价格被雇佣，而另一些则是每月2000卢比。他们不得不服从这个安排，并且每个人都承担了他以前的职责。因此，卡尔和泰戈尔公司的改造是基本按照吉林德拉纳特的建议进行的。我的认可鼓励了他，使他开始饶有兴趣地处理公司的事务，尽其所能。

第十七章

我们从奥义书的教诲中了解到,诸如梨俱吠陀、夜柔吠陀、娑摩吠陀、阿闼婆吠陀和悉刹①、卡帕②、维亚卡拉那③、尼鲁克塔④、禅达⑤等等,所有这些都是较为次级的知识分支;而唯有真知,才是知无上梵的最高境界。我们怀着深深的敬意接受了这一教诲。这完全符合我们修会自己的宣称和目标。为了向公众宣扬这一目标,我们截取了以下吠陀经文作为标题,出版了《塔瓦菩提尼期刊》系列第二辑的第一册:

"梨俱吠陀、夜柔吠陀、娑摩吠陀、阿闼婆吠陀和悉刹、卡帕、维亚卡拉那、尼鲁克塔、禅达等等都是低级的;

"唯有引向那永恒者的知识是至高无上的。"

我们由此得知吠陀经中有两种知识,即帕德维德和阿帕德维德⑥。已了解这一点,我们便开始急于搜索吠陀经,以便详细了解低

---

① Siksha,语音学。
② Kalpa,吠陀仪式的仪轨等。
③ Vyakarana,语法文辞学。
④ Nirukta,对吠陀经典中晦涩词语的解释。
⑤ Chhanda,仪表规定。
⑥ 帕德维德,即至高的、绝对的真知;阿帕德维德,即低级的、或然的知识。

等知识的主题是什么,以及至高无上的知识是关于什么的。之后我自己启程去贝拿勒斯。1847年10月,我在拉拉·哈扎里尔的陪同下,分阶段乘坐轿子前往贝拿勒斯。经过十四天乏味而麻烦不断的旅行,我们到达了那里。我在恒河岸边的弥曼迪尔停留下来。我之前派遣的学生非常高兴我能与他们同行。他们向我讲述了他们在学习上取得了哪些进展,并把贝拿勒斯的所有消息都告诉了我。我对他们说,"我必须在这里开会,邀请所有精通吠陀经典的修士领袖和贝拿勒斯教士。我想听听所有(他们所知)的吠陀经文,并了解它们的含义。拉马纳特,你去让你的梨俱吠陀上师邀请贝拿勒斯的所有梨俱吠陀修士。班什瓦,你去让你的夜柔吠陀上师邀请贝拿勒斯的所有夜柔吠陀修士。塔拉克纳特,你去让你的娑摩吠陀上师邀请贝拿勒斯的所有娑摩吠陀修士。阿南达·钱德拉,你去让你的阿闼婆吠陀上师邀请贝拿勒斯的所有阿闼婆吠陀修士。"至此,所有的贝拿勒斯修士都被邀请了。

  一个谣言在城里迅速散播开来:一位虔诚的信徒从孟加拉而来,祈求能听到所有的吠陀经。维斯外丝瓦尔神殿的陵寝守卫找到了我,并请求我能陪伴他到维斯外丝瓦尔的神殿中。我跟他说,"当我在此处时我已然处于维斯外丝瓦尔的神殿殿堂里,我还需要去哪里呢?"在我到达贝拿勒斯的第三天清晨,弥曼迪尔宽敞的大厅里挤满了修士。我安排他们坐成了四排——梨俱吠陀一排,夜柔吠陀两排,阿闼婆吠陀一排。娑摩吠陀只来了两个男孩,我把他们安排坐在我身边。他们还是挂着耳环很年轻的修士学徒,不过已经很出色地成为宗派的脸面。

  班什瓦拿着装有檀香木膏的杯子,塔拉克纳特拿着花环,拉马纳特拿着衣服，阿南达·钱德拉拿着500卢比。班什瓦将香膏印在每一位修士的额头上，塔拉克纳特则奉上花环作为装饰；之后，拉玛纳特递上一条亚麻头巾，最后，阿南达·钱德拉将两卢比放在修士的手中。至此，每个修士都得到了一个印记、一个花环、一条头巾和些许金钱。修士们对这种充满敬意的款待感到高兴，并惊呼："瞧，这位门徒是多么虔诚！在贝拿勒斯从来没有人做过这样的事情。"

"我请求你们念诵吠陀经，使我蒙圣恩典。"我以恭敬的姿态对在场的人说。梨俱吠陀修士们以极大的热情大声复诵"Agnimide Purohitam"等等经文。在这之后，夜柔吠陀修士们开始念诵夜柔吠陀。当他们念到"Ishetwa urjetwa"此句经文时，一位修士喊道："那门徒羞辱了我！"我问他羞辱从何而来。他说："黑夜柔是更早的夜柔经，但念诵时却没有先念诵它，因此我们被冒犯了。"我说："你们最好内部将这件事和睦解决吧。"夜柔吠陀的两个派系立马爆发了一场关于谁应该先念诵的争吵。当我意识到这样下去他们将吵个没完时，我建议他们同时开始念诵。这样他们都高兴了，双方开始大声念诵，乱七八糟，什么都听不清。然后我说："既然已经满足了双方的荣誉，就先让一边停止，另一边开始。"首先是白夜柔，然后是黑夜柔。背诵夜柔吠陀花了很长时间。娑摩吠陀的两个小朋友非常想唱诵娑摩经文。他们对夜柔吠陀念诵的时间延迟感到坐立不安。一等夜柔那边念诵完，他们立马看着我，而我则邀请他们开始唱诵。立刻，他们两个开始用一种包含韵律的声音唱诵娑摩经文中的"Indra ayahi"等内容。我以前从来没听过娑摩吠陀还能以此种优美动听的唱诵方式表达出来。最后，阿闼婆吠陀念诵了经典，之后集会结束，人们各自散去。

集会结束后，修士们很客气地对我说："门徒是否愿意为修士们设宴？我们一起在花园里吃饭吧。"我还没来得及回答，塔拉克纳特就在我耳边低声说："一群修士们的盛宴，我的老天！我们必须提供一切，而他们每个派别将在一块土地上画出一个正方形，然后分开用餐。那对我们来说意味着什么？这不像是我们自己的修会修士摆宴席，在我们自己的修会，只需为所有人做好饭，他们都会在一起吃。"另一个修士过来对我说："你想不想来看看，我们很快就会在这里举行祭祀礼。"我说我就是为了这个才来的。他说："我们的祭祀中无须杀死动物。我们通过制作面粉糊动物来进行献祭。"从场地的另一边，一些修士喊道："什么样的祭祀是不杀动物的？在吠陀经中说了'svetam alabheta'，即献祭时必须牺牲白山羊的意思。"我发现，即使在献祭的问题上，也有不同的派别。然而，最终修士们都高兴地离开了。

中午时分，当地一位神圣的修士来了，给我带来了米饭和蔬菜作为午饭。下午三点钟，贝拿勒斯博学的教士们再次来到弥曼迪尔讨论经典。有关吠陀经和其他经典中智慧章（jnanakanda）和业力章（karmakanda）的内容在这次大会上进行了充分讨论。在谈话过程中，我问他们："在吠陀经中是否允许在祭祀中杀死动物？"他们回答说，不杀死动物就不能进行祭祀仪式。当我与这些权威人士讨论经典时，来自贝拿勒斯大公宫殿的绅士（这里的绅士头衔必须理解为他与大公有着血缘关系）来找我说："大公希望见到你。"我接受了这个邀请。会议随后解散，教士们在收到离别礼物后回家了。其中一位说："我们非常满意地接受了您的礼物。而接受贝拿勒斯一位首陀罗的礼物，则真令人毛发悚立。"

第二天，那位先生又来了，把我带到了对岸的罗摩纳加尔。大公那时不在家。绅士开始向我展示大公的所有宝藏收藏。房间里像商店一样拥挤，有照片、镜子、吊灯、地毯和窗帘、桌子和椅子。当我环顾四周时，我看到在我面前有两位奴隶正在用非常甜美的声音唱着大公的赞歌。这让我知道大公已经到家了。他一进来就热情地欢迎我，并带我去了会客厅。歌唱和舞蹈立即在会客厅开始。他送给了我一枚钻戒，我恭敬地接受了，然后向他告别。他说："很高兴见到你。你一定要在月亮的第十天来看罗摩里拉①。"我向他行了个礼，日落时分返回贝拿勒斯。

在拉姆利拉日，我又去了罗摩纳加尔，发现大公坐在一头大象上抽着水烟。他的递烟侍从跟在他身后，骑着一头小象，手里拿着一个镶有钻石的水烟袋。另一头大象上则是身着苦行者红棕色长袍的大公之古鲁②，一言不发地坐着。他将自己的舌头包在木头里，免得开口说话。就连不说话这种事，他也无法靠自己的力量达成。上校、将军和指挥官们从四面八方包围了大公，每个人都骑着自己的大象。我也骑了一头大象。我们都开始去往罗摩里拉举办的地方。到达梅拉后，我们发现那里已是人山人海，就像另一个贝拿勒斯一样。某处立了一个宝座般的座位，用鲜花装饰四周，而宝座上面是一个天篷。宝座上坐着一个男孩，手里拿着弓箭。人们不断地走到他跟前，在他脚下鞠躬。在此情景里，他（扮演的）就是阿约提亚国王罗摩钱德拉。更远的地方是战场。一侧是一些代表罗刹的人物，有骆驼、马或山羊的头。他们站成一排，交头接耳，马脸贴在牛耳边，骆驼脸贴在山羊耳边，比比皆是；他们互相窃窃私语，显然正在举行一场伟大的战争会

---

① Ramlila，是宗教节日中表演古印度史诗《罗摩衍那》的传统戏剧。
② 即大公所供奉的宗教导师。

议。过了一会儿，一颗炸弹似的东西落在他们中间，四面八方开始放烟花。我悄悄地离开了这个地方。

我从贝拿勒斯乘船到了米尔扎普尔，途中看到了温迪亚山脉。言语无法表达我看到那些温迪亚的小山丘时所感受到的喜悦和振奋。我从清早到正午四处游荡，饥渴难耐，回到船上，喝了一点牛奶，就立刻又感觉精神焕发了。在温迪亚查拉，我看到了瑜伽玛雅[①]和博加玛雅[②]。瑜伽玛雅像有十只手，用石头雕刻。那里没有一个朝圣者，也没有看见一个有灵魂的活人。去博加玛雅的寺庙路上，我发现它像迦梨神庙一样拥挤；印度斯坦人戴着红色的头巾，额头上有红色的檀香印记，戴着爪哇花的花环，他们正献祭山羊，大量的鲜血流出。这在我看来是一件古怪的事情。我无法从人群中挤到寺庙前，我只是尽己所能从远处看到了这些景象。

在这儿我从米尔扎普尔乘汽船启程回家。我带着阿南达·钱德拉从贝拿勒斯出发，一路前行。路途中经过库马尔哈利，这还是我第一次来到这里。在检查了我的各处地产之后，我回到了加尔各答的家。其他学生紧随其后，全身心地投入修会的工作中。拉拉·哈扎里尔从贝拿勒斯出发，随身没带任何东西，到遥远的地方传教。他所拥有的全部只是一枚戒指，上面刻着印地语，"连它也不会留下"。他就这样离开了，再也没有回来；自此我再也没有见到过他。

[①] Yogamaya，印度神话中象征着对俗世弃绝的女神形象。
[②] Bhogamaya，印度神话中象征着俗世生活的女神形象。

第十八章

我现在完全相信，吠陀经中次级知识的主旨是为了阐明如何使用各种献祭向神明们敬拜。梨俱吠陀用霍塔仪式赞美众神，夜柔吠陀的阿迪亚尤仪式里人们向众神献上酥油，娑摩吠陀的乌加拉仪式中献祭时会歌唱众神的荣耀。在吠陀经中，共有三十三位神，其中最主要的是火神阿耆尼、天空神因陀罗、风神马鲁特、太阳神苏里亚和黎明神乌沙。阿耆尼出现在所有吠陀仪式中——没有他，任何吠陀祭祀都无法进行。阿耆尼神不仅要在祭祀时供奉他，他还是祭祀的祭司。当大公的祭司为阿耆尼神献上种种祭品时，阿耆尼自己也要这么做，他需要作为祭司进行火祭仪式。是火神阿耆尼在众神之间分配酥油，以众神各自的名字给予对应的份额。因此，他不仅是祭司，还是众神的代理人。像司库一样，阿耆尼将每个人通过奉献给每个神而获得的果实分配给崇拜者。阿耆尼的职责是多方面的，在吠陀中他至高无上。再一次，你会发现没有他，我们的家庭仪式都无法进行。从出生仪式到葬礼和施拉达仪式，在所有场合都必须有烈火。他是婚姻的见证人。首陀罗无权知晓吠陀经，但他必须让阿耆尼作为婚姻的见证人，他必须向他提供酥油而不重复任何经文。

我以前从不知道阿耆尼神在我们中间拥有如此至高无上的地位。

从我的童年起，我就观察到，如果没有沙利格拉姆石，那就什么都做不了。在婚姻和其他仪式上，在所有的法会和宗教节日中，你必须拥有沙利格拉姆；他是我们的家神。到处都看到了沙利格拉姆，我以为只有他才是至高无上的。在放弃了沙利格拉姆以及对迦梨女神和杜尔迦女神的崇拜之后，我认为我们已经完全弃绝了偶像崇拜。但现在我看到有许多偶像，如阿耆尼、伐由、因陀罗、苏里亚等，他们没有手脚和身体，却可以被感官感知。所有人都感受到了他们的力量。古维迪卡人相信，如果不安抚这些神明，那么所有的造物都会因雨水过多或缺乏、太阳的燥热或狂暴的旋风而被摧毁。神明的心情如果得到平息，那么将是全宇宙的福祉；神明一旦发怒，整个宇宙就将毁灭。因此，阿耆尼、伐由、因陀罗和苏里亚在吠陀经中被奉为神。而迦梨、杜尔迦、罗摩、克里希那，都是密续经典和往世书的现代神。阿耆尼、瓦尤、因陀罗和苏里亚，这些是古老的吠陀神，祭祀的盛况和境况只与他们有关。因此，我不得不完全放弃以宣扬因果报应的吠陀经来传播梵崇拜的想法。

我们现在背离了吠陀经的原义，成了吠陀桑雅士①式的居家修士②。火神阿耆尼也不再像吠陀经中所规定的那样，在我们的家庭仪式中占据主导地位。但古时的梵圣贤曾经成为过抛弃一切的桑雅士。放弃祭祀之后，他们就不能再待在家里了；然而，由于他们厌恶祭祀的烦琐仪式和违背智慧的本质，并且渴望得到救赎，于是他们离家来到森林里居住。在那里，他们与比自己的儿子更亲近、比一切财富更珍

---

① 专注于学习吠陀经典的隐修士。
② 居家修士以居家形式生活，没有像一般隐修士一样遁入山林，但同样抛弃了俗世欲望。

贵的梵合而为一。他们放弃了崇拜物质界的俗世神。奥义书是森林的奥义书；在森林里作曲，在森林里传扬，在森林里传授。甚至这些奥义书被禁止在屋内阅读。原来奥义书从一开始就送到了我们的手中。

但即使是吠陀圣贤，他们的内心也远不满足于祭祀阿耆尼、伐由等有限的圣灵。他们内心中也出现了一个疑问，这些圣灵是从哪里来的？他们开始认真讨论宇宙的奥秘。他们说："谁知道这精妙的造物世界是从哪里来的？谁曾告诉我们所有这些东西是从哪里诞生的？众神是在创造之后诞生的；那么谁知道这个宇宙是从谁哪里诞生的呢？"无法理解创造的奥秘，他们内心不安，陷入沮丧的黑暗中，以强大的决心和一致的目标致力于获得启蒙。然后，众神之神、至尊圣灵在这些坚定而冷静的圣贤们的纯洁心灵中显现自己，并散发出超乎所有人理解的真理之光。于此，圣贤们心中满足，心中欢喜，他们明白了这个创造从何而来，谁是它的创造者。然后他们在梨俱吠陀的赞美诗中热切地表达了自己。他们写道，在创造之前，"那时既没有死亡，也没有不朽的生命。没有白天和黑夜，也没有知识。然后只有那一位存在，被他自己的力量所激发。除了他之外，什么都不存在，这个现在所知的宇宙不存在。"那些通过冥想和神明的恩典认识梵的圣贤们如此表达了有关梵的真理：

"他即赐生命者，他即赐力量者。他号令整个宇宙，连众神也一并拜服；谁的影子是不朽，谁的影子是死亡，还有谁是我们要献祭的真神？你难道不认识创造这一切的主，他就住在你心中，与其他一切是那么的截然不同。"

当他们都在无明的迷雾中蹒跚徘徊，争吵不休，满足于感官的快乐，并被祭祀的咒文引导时，他们究竟应该如何知道那真知？寻求梵、梵的知识、梵的真理，看看这些东西在古代梨俱吠陀和夜柔吠陀中闪耀着多么耀眼的光芒。说来也奇怪，奥义书最深奥的说法都包含在古老的吠陀经中，正是这些奥义构成了奥义书的荣耀。书中提到的文本，"梵是真理，知识，无限"和"两只鸟在亲密的友谊中合二为一"（即身体和灵魂），都可以在梨俱吠陀中找到，并被奥义书从中提取出来。即使吠陀经中的其他一切都消失了，这些真理也永远不会消失。

这条真理之流向前奔流不息，淹没并净化了奥义书里信徒们的生活，使他们的生活变得高贵。他们的生活建立在这些真理之上。通过这些，他们尝到了不朽的滋味，走上了救赎之路。正是由于这些真理的影响，他们从内心深处发出了这样的呼喊：

"我开始了解那超越黑暗囚牢外的崇高而闪亮的存在。敬拜者只因认识他就能克服死亡的恐惧；除此之外，没有其他获得救赎的方法。"

我了解到这是至高无上的知识，它的主题是"梵是至高的唯一真神[①]"。

[①] 此处原文为"Absolute Brahma Ekameva dvitiyam"。

第十九章

从贝拿勒斯回来后,我发现我们的家族企业卡尔和泰戈尔公司,正处于摇摇欲坠的边缘。汇款支票拿到了,但汇票的钱却无处可寻。我们必须想方设法寻求资金以满足日常用度。这样的情况还能维持多久?同时,一笔 30000 卢比的账单到期了,但偿还账单的钱还未能找到。还款日益临近,可钱始终无法筹集。债主把账单拿了回去,空手而归。卡尔和泰戈尔公司因此失去了信用,我们也被迫关闭了办公场所。

1847 年 3 月,卡尔和泰戈尔公司这一商业公司正式走向了倒闭。我那年 30 岁。在首席助理 D.M. 戈登的建议下,公司召开了全体债权人会议;公司倒闭三天后,他们都聚集在大楼三楼的一个房间里。D.M. 戈登为我们的资产和负债准备了一份账目,并在债权人会议之前呈上。其中显示,我们公司的总负债为 1000 万卢比;可兑现的应付款项总额为 700 万卢比;因此,赤字为 300 万卢比。戈登对召集的众人说:"公司的持有者愿意用他们自己的财产填平赤字。去拿走公司的应付账单和资产吧,把你们所控制并隶属于公司持有者名下的地产也一并拿走。以此来偿还你们各自的应得款项。但是,有一笔信托基金并不属于债权清算的资产之中,只有这一资产你们不可以拿走。"

戈登在会上发言时，我对吉林德拉纳特说："戈登先生是在警告债权人，任何人都不能碰我们的信托基金。这个时候我们应该站出来说，虽然信托资产不能卖掉，但是为了偿还我们的债务，我们准备拆解信托，甚至准备放弃信托来清偿我们的债务。我们能做的最好的事情就是采取这一措施，以此能够使我们完全摆脱我们的负债。如果这些不能通过出售我们的财产来清算，那么信托资产也必须出售。"

另一方面，债权人一听到他们被禁止对某部分财产进行下手，便开始急不可耐地表现出不满意的迹象。但是下一刻，当他们听说，我们在自愿的、没有丝毫强迫的情况下，准备将我们所有的财产连同信托交到他们手中，且这笔钱不受法院的任何法令的约束时，他们惊呆了。在宣布这个提议后，我们看到许多善意的债权人感动得流下了眼泪。他们也为我们面临的困境感到悲痛。他们看到我们个人与公司的商业起伏无关，我们是无辜的，而不应受到责备。我们太年轻了，这种可怕的不幸降临到了我们身上。今天，所有这些财富和资产都是我们的，等到了明天，它们则消失得无影无踪，将不会留下任何痕迹。这是让他们充满怜悯的想法。他们不但没有因为自己的损失而感到恼火，而是感到了心都融化了一般的怜悯。这份怜惜是什么时候进入他们心中的？单单这份怜惜就唤起了他们内心的热情，让他们忍不住思索谁才是他们终生的朋友。他们建议，由于我们已经放弃了所有索赔，我们应该从资产中获得每年25000卢比的津贴，用于我们个人的开销。至此，债务人和债权人之间建立了友谊。他们中没有一个人为了兑现他们的账款而提起法律诉讼。他们将我们的全部财产掌握在他们自己手中，并由他们的主要人员组成了一个委员会来管理它。该委员会以1000卢比的薪水任命了一位秘书。在这位秘书的领导下，还有其他助理,他们继续以"卡尔和泰戈尔融资公司"之名开展事业。

在我们的债权人确定了他们对我们所有财产的宣称份额后,会议就结束了。末了,我们两兄弟踏上了回家的路。开车回家时,我对吉林德拉纳特说:"我们刚刚演示了什么是维施瓦吉·塔加①,放弃了一切。""是的,"他说:"现在让每个人都知道我们没有为自己保留任何东西,让他们说,德拉纳特们已经给了他们所有的一切。"我说:"如果人们这么说的话,法院不会听他们的。每当有人在法庭上提起诉讼时,我们都必须再次发誓我们已经付出了一切,我们一无所有。否则法律不会放过我们的。但只要我们身上还有一丝布,我们就无法站在法庭上,庄严地确认我们已经付出了一切资产。就像我们做的那样,我们放弃了一切,但我们无法起誓说做到了这一点。愿神明和公义保护我们。愿我永远不必在破产法庭上如此辩护。"如此交谈着,我们到了家。

事情如我所愿,我们所有的财产都假手他人了。就像我的心中,对俗世的事物已没有欲望那样,现在也没有任何世俗的东西是属于我的了;不管我喜欢与否,在这一点上,我的内心与现实达到了平衡。

在那愿望里,除了祈求闪电到来之外,可能再也没有其他的祈求。

那么,如果闪电真的降临并摧毁我的仓储和收成,我不应该感到惊讶。

如果,当我这样祈求闪电的时候,闪电来了,吞噬了一切,那我还有什么好奇怪的呢?我过去所一直要说的是:"主啊,我只想要

---

① Vishvajit Tajna,弃绝一切财产、放弃俗世欲望的仪式。

你!"他仁慈地接受了我的祈祷,并向我展示了他自己,剥夺了其他一切。"主啊,我连能在喝水前换点糖的只鳞片甲都没有。"我过去所祈求的已经得到应验。

往日是赤足踏在燃烧土地上的一天,而今日也是一样。我又前进了一步。我减少了仆从的数量,将我的马匹和车乘拿去拍卖,将我的吃穿缩减至合理的范围——成为一个居家修行的桑雅士。我从不考虑早上该吃些什么或是穿什么衣服。也不去想明天是应该留在家里还是离开。我彻底摆脱了所有欲望。我在奥义书中曾读到过那种弃绝一切欲望的人的平静与快乐;而现如今我在自己的真实人生中也品尝到了此种宁静和愉悦。就像月亮从魔神雷胡(Rahu,传说中吞噬月亮的魔神,雷胡会不断吃掉月亮但无法留住它,由此产生月食)嘴里逃走一样,我的灵魂也从俗世的物质中解脱,而感受到梵的天堂。"主啊,在无尽的财富中我的灵魂却饱受折磨,我无法找到你——现在,找到了你,我就找到了一切。"

那时,我从早到午都在沉思深奥的哲学学说。从中午到晚上,我致力于研究吠陀经、吠檀多哲学、摩诃婆罗多和类似的经典,并将梨俱吠陀翻译成孟加拉语。晚上,我常常坐在露台上,盖着一条宽大的毯子。在那里,梵修士、梵的崇拜追寻者和求真谛者,都会来坐在我身旁,与我讨论各种经典。这些讨论有时会持续到午夜之后。除此以外,我在这段时间还会查看《塔瓦菩提尼期刊》上的文章。

我们公司解散三四个月后,一天吉林德拉纳特对我说:"时间在流逝,但债务根本没有还清。老爷们(英国人)只是闲着,领着他们的工资。以这种速度还清我们的债务是没有希望的。如果再这样下去,即使是出售我们的宅基地也不能使我们摆脱这些债务。因此,我想向债权人委员会提出这个建议，如果他们能委托我们管理自己的事务，我们可以通过我们自己的努力，在不久的将来找到一些还清债务的方法，而且成本不高。"我认为这是一个很好的提议，不久我们就在债权人会议上提出了它。他们欣然同意并完全信任。然后我们把管理权掌握在自己手中，把办公室转移到我们家，并聘请了一名英国经理和一名文员。我们就这样开始从我们自己家的瞭望塔上把卡尔和泰戈尔公司的风筝线卷起来。不过，它是否会中途断掉还是个未知数。

第二十章

在我派遣去贝拿勒斯收集学习吠陀经典的四位学生中，阿南达·钱德拉·巴塔查理亚在学习了众多经文后，他与我一起回到了加尔各答。阿南达所学习的内容包括：奥义书中的《石氏奥义书》（*Katha*）、《帕拉斯纳奥义书》（*Prasna*）、《蒙达卡奥义书》（*Mundaka*）、《歌者奥义书》（*Chhandogya*）、《塔拉瓦克拉奥义书》（*Talavakara*）、《白净识者奥义书》（*Svetasvatara*）、《瓦加萨尼亚奥义书》（*Vajasaneya*）和《维哈达兰亚卡奥义书》（*Vrihadaranyaka*）的一部分；吠陀六支（Vedanga）中的尼鲁克塔（Nirukta）和禅达（Chhanda）；吠檀多哲学中的《梵经注》（*Sutrabhashya*，商羯罗所注）、《吠檀多语义学》（*Vedanta Patribhasha*）、《吠檀多精义》（*Vedantasara*）、《净土》（*Adhikaranamala*）、《悉檀多学》（*Siddhantalesha*）、《十五论》（*Panchadasi*）和《薄伽梵歌注》（*Gitabhashya*）；业力弥漫差（karma-mimamsa）中的《名谛论》（*Tatwakaumudi*）。至于其他三位学生，其中的梨俱吠陀学生，拉马纳特·巴塔查理亚已经完成了《吠陀本集》（*Rigveda Samhita*）直到第七篇第三节内容的学习，并且完成了第一篇六节内容的注释。夜柔吠陀的学生，班什瓦·巴塔查理亚，已经学习了《中观本集》中的三十一个章节、《泰帝利亚奥义书》（*Taittiriya*

Samhita）的前两章、《坎瓦注》（Kanwa Bhashya）第一部分的十三节和第二部分的二十五节。娑摩吠陀的学生，塔拉克纳特·巴塔查理亚，学习了娑摩吠陀《圣歌集》（Veyagana）中的三十六种梵唱，《阿那亚迦纳》（Aranyagana）中的四节，《乌哈迦纳》（Uhagana）中的七节，《至上公主赞歌》（Uttarabhashya）直到第六部分第三节的内容；他还学习了业力弥漫差以及《经文疏解》（Shastradipika）直到揭谛卡达那（Jatikhandana）的哲学内容。他们四人之中，考虑到阿南达·钱德拉对于经文最为熟练，而且拥有着一种令人敬畏、辛勤奉献的精神，我给予他吠檀多瓦吉什大师的称号，并任命他为梵社的部长。

通过对吠陀经的学习，我逐渐相信古圣贤所崇拜的不仅仅是真实世界中的月亮、太阳、风和火。他们所崇拜的是伟大的真神，只不过是以阿耆尼、伐由和其他诸神的形式来敬拜。所以我们在梨俱吠陀中可以发现这样一句话："他是一，但婆罗门们以许多名字叫他。阿耆尼、阇密、伐由等。"夜柔吠陀中也提道："他自身就是一切神明。"

我在梨俱吠陀译本的序言中提到了这段："那个存在，不管他是谁，住在太阳里，就是太阳神。那个存在，不管他是谁，住在风里，就是风神。那个存在，不管他是谁，住在火里，就是火神。"这意味着，信徒们崇拜的不是外在的诸如太阳之类的物质，而是崇拜深藏在内里的有知觉的精神。密续经典和往世书的神与吠陀的神之间存在巨大差异。但是这个国家的普通人不承认这种差异。他们相信对迦梨和杜尔伽的崇拜在吠陀经中已有定论。为了消除这些错误的想法，并了解我们古老的礼仪、习俗和宗教的演变史，我开始在贝拿勒斯的一位专家的帮助下翻译梨俱吠陀。梨俱吠陀原文的前半部分已由修会获得，并且已经做好了充足的注解工作，使我们能够进行目前的翻译工作。但这是一项了不起的任务。仅在《吠陀本集》中就有超过一万节。我对能够完成这一艰巨任务不抱希望。然而，我仍继续尽可能多地翻译，并将其发表在《塔瓦菩提尼期刊》。

迄今为止，这两句伟大的祷词仅在梵社特有的敬拜形式中占有一席之地：

"梵是真理、知识、无限。他的显现是永恒的幸福：他闪耀着万千光芒。"

但这仍然是不完整的。通过添加"充满和平与幸福；无时无刻不是如此"一句，它们从而变得完整。印度历1770年[①]，在梵社引入了特有的崇拜表达的三年后，我添加了"充满和平与幸福；无时无刻不是如此"这一句。

他是我们灵魂的主神，他一直将所有的智慧和灵性灌输给灵魂，他是"真理、知识、无限、梵"。我们在心里感念到他。当我们在无边虚空的宇宙之美中看到这个"真理、知识、无限、梵"时，我们就会看到"他的显现是永恒的幸福：他闪耀着万千光芒"。他作为幸福和不朽的化身而闪耀。那个自存自足的至尊灵魂在外界，就像他在内心一样。再一次我们认识到，他同时"在我们之外和我们之内，但他存在于自己之中"，并且始终意识到，他的恩赐祝福使所有人都可以在智慧和公义、爱和良善中得到升华。因此，他"充满了和平与幸福；无时无刻不是如此"。

神明的追寻者必须在三处感通到梵的所在。他们必须在内里看到他，在外界看到他，并在梵的居所中看到他，在那里梵存在于其自身之

[①] 公元1848年。

中。当我们在自己的灵魂中看到他时我们说："你就是最内在的灵魂之精魄；你是我的父亲；你是我的挚友；你是我的同道。"当我们在自己身外看到他时，我们会说："你的君王宝座在那无限的天空上。"当我们在他身上看到他，在他自己的圣殿中看到那个至高无上的真理，我们说："你是你自己的至善与和平；一个无时无刻不在的存在。"我们无法同时思索梵的多种显现形式，有时我们在自己的灵魂中感通到他，有时我们把他看作是自身之外的存在，还有时我们将他看作自存之事物。但是，那个没有呼吸的生命，那个永远清醒着的存在，每时每刻寓居于其自身之中，平静而安详，永远知觉着自身的至善，并激发着人们内心的智慧与正义感；在我们的外部世界，他规划着所有他造物所渴求的事物。"即使历经数不清的岁月他仍然是永恒的同一样貌，他即是永恒的当下。""谁可以描述他无穷的荣光，是对谁的颂唱给予了吠陀经典、往世书和六派哲学①（darsanas）无尽的力量？"借助他的恩典，我现在得以相信那些能同时看见梵三象的瑜伽士们，并且洞察到梵存在于自身的同时亦存于众人心中，存于自身的同时亦存于我们众人之外，并且存于自身，自我圆融、自我知觉，直到永恒。他是真正的瑜伽士。意识到梵的博爱，一个人会将他的生命、意识、爱、精力和此生所有都奉献给梵，并且毫无畏惧地高举着梵的戒律，力图在所有的行动中取悦自己的神明。梵在崇拜他的信徒间是最重要的存在。

---

① 此处原文为darsanas，意为各种流派的哲学体系，在此语境下特指遵从吠陀权威的六派哲学（又称正统派），即正理论（Nyaya）、胜论（Vaisesika）、数论（Sankhya）、瑜伽（Yoga）、弥漫差（Mimamsa）和吠檀多哲学（Vedanta），与六派哲学相对应的是反对吠陀精神的非正统派，有佛教（Buddhism）、耆那教（Jaina）和顺世派（Lokayata）等。

第二十一章

大约在印度历 1770 年（公元 1848 年）的阿什温月，我和几个朋友一起前往达莫达尔河上游。沿着它蜿蜒的河道漂流了七天后，一天下午四点，我们将船停泊在河中间的一个沙洲上。在那里，我们听说柏德万就在附近，只有四英里远。我突发奇想地想去那里看看。我立即决定上岸，并涉水穿过四英里的沙地到达柏德万。拉杰纳拉扬先生①和其他一两个人和我在一起。当我们到达镇上时，所有的房屋和商店都亮着灯。我们四处转了转，看到了不少小镇建筑、集市和宫殿。在我看来，似乎能从玻璃窗外看到大公正坐在宫殿的一个房间里，点着蜡烛。满足了我们的好奇心后，我们穿过那片沙洲回到了船上。那时已经是深夜了。可能拉杰纳拉扬先生以前从未走这么多路。他几乎跟不上我们。他费了很大的力气才爬上了船，然后就躺下了；这时我才发现他正发着烧。

翌日凌晨，我沐浴在被旭日照耀的达莫达尔神圣溪流中，穿上一件蓝色的丝绸长袍，以每日惯常的礼拜仪式净化了自己。突然间，我看到一辆美丽的四轮马车沿着土路驶来，扬起了周围的沙土。在那条仅仅为了走骆驼而设计的路线上，能不能走马车，马匹能不能驰骋？

---

① 原文为 Rajnarayan Babu，其中 Babu 是尊称，此处翻译为先生。

我无法确定它们会不会被卡在这片沙地上。然后我看到马车停在我的船前。一个人从马车包厢里跳下来，要见我。我喊着问他，问他想要什么。他双手合十道："柏德万大公很想见您，因此派了这辆马车来接您，希望您能赏脸顺从他的意愿。"我说我已经要启程去看河流、树林和山丘了，拜访大公完全不在我的计划内。我还说我就是从河流边过来的，也会沿着河流回去，不会再上岸了。他说："如果我不带您一起去，大君会责备我的。请帮我一个忙，去见大公一次。当您发现他给予您的敬意有多大时，您一定会很高兴的。没有您我是不会回去的。"我终于屈服于他热切的恳求。午饭后，我启程前往柏德万，并赶在当日午夜前到达了那里。

在我到达时，一栋装修精良的住宅已经伫立在眼前。大公的主要官员聚集在我身边——他的戈文达·班纳吉和柯蒂·查特吉都来了。从我的住处到大公的宫殿，到处都有一个岗哨随时待命，询问我要做什么，注意我在说什么。第二天早上，三四辆装满大米、木豆、面粉和其他食物的牛车运到我的住处。我问送食物的男人为什么会有这么多东西。他们说，按照大公的敕令，以大公上师（Rajaguru）的标准给我寄来了相应份额的物资。中午时分，一辆马车停在我住处门口。我上了车，驱车前往宫殿。我看到了大公，他非常热情地接待了我。那时他正在打台球，每个人都和他一起走来走去。我也加入了他们有趣的游戏。他让我坐在一个高高的座位上。看着他那么温柔谦逊，对我那么好，我也被他吸引了。

就这样，我和大公逐渐热络了起来，而他对梵主义的热情也不断升温。在我的建议下，他在自己的宫殿中也设立了一个梵社分支。我将沙曼查兰·巴塔查理亚和塔拉克纳特·巴塔查理亚送到大公那里，让他们给予大公宗教方面的建议并负责那里的宗教事务。在这之后，我时不时回到柏德万，鼓励并和大公探讨了不少宗教话题。大公非常高兴能与我相遇。在那之后无论我在何种场合重新来到大公那里，不管是他的生日还是野餐会，我们都会在一起祈祷。他的内心被信仰和敬畏充满了。一天晚上，在敬拜中，他发泄了自己的情绪："我是多么忘恩负义！神明给了我这么多的财富，但我对他还不够感激，我甚至丝毫不思索他的存在。但是有多少可怜而卑微的人从他那里收获甚微，却对他心存感激，敬拜他。我是多么忘恩负义！多么堕落！"说完他就流下了眼泪。

有一天，他带我进了女士住宿区。那里有一个水箱，他指着它说："我们可以坐在这边钓鱼。"然后他带我上楼。在那里，我看到一间屋子铺着金绣花布，装饰得就像屋子里正在举行婚礼一样。他说："我们也可以坐在这里。"他把我带到另一个房间，说："从这里拉尼（Rani，指大公夫人）可以看到我在打台球。"从我在内室的所见所闻中，我觉得拉尼对大公和就像大公对他夫人一样充满爱意——

丈夫因妻子而幸福，妻子因丈夫而幸福。

有一天，大公对我说："我有一个事情要请你帮忙，你必须答应我。"我内心想知道他要说什么，就问他要帮什么忙。他说："请您坐下，我想要一幅您的肖像画。"一位能干的英国艺术家来到他家，为我画了肖像。肖像栩栩如生，就像我仍然还坐在当时的那个房间里似的。大公马哈塔布·昌德（Raja Mahatab Chand）现在已经不在人世了，他的儿子阿福塔布·昌德（Aftab Chand）也不幸早夭。但他所建立的梵社仍然存在。时不时地，一位修士仍然让梵的名字在大厅里回响，只可惜已经没有人像当年的大公那样驻足聆听。在那个空荡荡的祈祷大厅里,主神神像成了它仅剩的唯一的光。

有一天,当我要开车去加尔各答办事时,一个男人在路上交给了我一封信。打开它,我发现它来自克里希那加尔(Krishnagar)的大公斯里什·钱德拉(Raja Srish Chandra)。他写信说:"如果你能在明天五点来市政厅见我,我将深感荣幸。"第二天五点,我去了市政厅,不一会儿,大公就来了。我很高兴见到他。他和我的谈话马上就完全转向了宗教问题。临走时,他说:"我对这么短的交谈不满意。我将在加尔各答多待三四天;如果你在这些日子的某个晚上来我家和我谈谈,那就太好了。"那时他对在公共场合会见我感到很尴尬。这是因为我是梵社的领袖,一个梵修士;他是那瓦提帕的领主[①],正教社区的领袖。

这是我们的第一次见面,是他主动来结交我的。因缘际会,我在克里希那加尔也建立了梵社,并且经常去那里。大公渴望通过从别人那聆听见闻、阅读我的布道和其他著作来认识我。一天晚上,我去他的宫殿看他。他带我上楼到他的露台,那里没有其他人。茫茫夜色里没有一盏灯点亮着。他立刻在地板上坐下,我也这样照做了。我们像两位穆斯林苦行者一样轻松地相处。他说:"神明是独一无二的,并且存在于所有造物中。他是业力的命定者,寓居于一切受造之物,无所不知,无所不觉,茕茕独立,无相无格。"

他的和蔼可亲深深地吸引了我,我们互相引为知音。当我离开时,他说:"下次你来克里希那加尔时,你必须在我家住一晚,可以吗?"我说:"那将是极大的快乐和荣幸。只要你向我提出来,我必欣

---

① 原文为 Lord of Navadvipa。

然前往。"

之后，当我去克里希那加尔时，他邀请我去看他。晚上我去了他的宫殿。他带我到一个迷人的私人房间，让我坐下。那里除了他的儿子萨缇什钱德拉，没有其他人。为了助兴，我即兴唱了一首德鲁帕德[①]。歌声一直持续到深夜。晚餐时有六十道不同的菜肴一一呈给我。入夜，我就睡在屋里。第二天大公本人一大早就过来叫醒我，在带我参观他的礼拜堂后，向我道别。

那段时间里，我因宗教的纽带与两位尊贵的大公深深结缘。其中一位公开地接待了我；另一位秘密地但发自内心深处地与我结交。

---

① dhrupad，一种印度传统歌曲。

第二十二章

我一开始认为奥义书统共有十一部，并且商羯罗大师已一一为它们撰写了注释。然而现如今我发现有一些奥义书并没有被商羯罗注释。经过一番调查搜寻，我发现一共有一百四十七部奥义书。那些商羯罗所注释过的远古奥义书是最为原始的一部分。在那些远古奥义书中包含许多有关梵知识和崇拜的教诲和救赎之路的启示。先前这些奥义书被各方作为吠陀之首和众经之精华来敬奉，之后毗湿奴派和湿婆派开始以奥义书为名散播一些宣扬他们自身神祇的作品，以取代对唯一的至高灵魂的崇拜。又之后《戈帕尔塔帕尼奥义书》成书了，在这本书中至高存在的位置上被黑天（Sri Krishna）所占据。并且，这本书里马图拉（Mathura）被认为是梵之城（Brahmapura），而黑天则是"大梵"（Parabrahma）。也是在《戈帕尔塔帕尼奥义书》里，首次记述了蒂尔卡（tilaka）印记是怎样制作的。通过这种形式，毗湿奴派宣扬了他们神尊的荣光。另一方面，湿婆派在另一本被称作是《斯坎多奥义书》（*Skandopanishad*）的书中宣扬了湿婆的荣耀。还有《桑达里塔帕尼奥义书》（*Sundari Tapani Upanishad*）、《德维奥义书》（*Devi Upanishad*）、《考罗奥义书》（*Kaulopanishad*）等，所有这些中都只有斯卡蒂女神得到最高的赞誉。最终，任何组织个人都开始以奥义书的名义出版东西。在阿克巴时代，出于将印度教徒转变为穆斯林的目的，奥义书再次被创作——它被称为《奥罗奥义书》（Allopanishad）。

怪哉！以前我不知道奥义书棘手而纠结的这方面存在：我只知道十一部奥义书，而我在这些奥义书的帮助下开始了梵法的传播，并以它们为信仰之基础。但现在我看到，即使是这根基也是摇摇欲坠的，是如同建在沙子上。即使在奥义书这里，我也没有触及坚实的基础。回望我的信仰历程，首先我回到吠陀经，但无法在那里奠定梵法的基础；然后我来到了十一部正宗的奥义书，结果却是多么不幸！即使在那里我也无法奠定信仰根基。我们与神明的关系是崇拜者和被崇拜者的关系——这就是梵主义的精髓。但是当我们发现，与此相反的结论明晃晃地出现在商羯罗吠陀哲学体系中的萨利拉克弥漫差（Sarirak mimamsa）中时，我们再也不能相信这一论点了；我们也不能接受它作为支持我们宗教信仰的根据。我曾以为，如果我放弃吠檀多哲学体系而只接受十一部奥义书，我会找到对梵教的支持；因此，我过去完全依赖奥义书，而撇开其他一切。但是当我在奥义书中看到"我即是他"和"你就是那个存在"这样的表述时，我也对奥义书感到失望。

这些奥义书不能满足我们所有的需要，无法填满我们的心。那么现在该怎么办呢？我们还有什么希望呢？我们应该在哪里寻求梵主义的避难所？它不能建立在吠陀经上，它不能建立在奥义书上。它的根基要打在哪里？

我见到那清净心，充满知性知识之光——这是它的基础。梵独掌清净心。纯洁、朴实的心是梵主义的所在地。我们只能接受那些符合那颗心的奥义书。那些不合我们心意的说法，我们无法接受。这些就是我们现在与奥义书之间建立的关系，奥义书是所有经典中最高的。在奥义书本身中，我们读到神明是通过敬拜向心灵启示的，心灵被没有任何怀疑的智慧所照亮。神明的智慧向正直之人的心灵显明。昔日的贤者，以洞察和智慧的恩典，在自己清净的心目中看到了大圆满梵，记录了他们的经验："纯粹的灵魂，被智慧所启发，通过敬拜和冥思得以见到神圣的真神。"

这些话语和我内心中的个人经验不谋而合，因此我接受了它们。

我还在奥义书中读到，那些留在自己的村庄并进行祭祀和其他既定仪式的人，死后到达一片朦胧的烟域。他们自烟雾中走向黑夜，从黑夜到暗半月，从暗半月到夏季，从夏季的几个月到父辈的领域，又从那个区域到天空，从天空到月亮之域。他们在那个地方享受了善行的果实。而为了重生到这个世界，他们从月亮之域下坠到高空，从高空到大气中，在大气中变成烟，他们又从烟变成蒸汽，从蒸汽变成云，从云中他们像雨一样落下，并在此以小麦、大麦、食用植物、树木、芝麻和豆类的形式生根发芽。那些吃小麦、大麦和其他食物的男人和女人，就是他们作为生物出生于此的轮回。在我看来，这些都是不值一提的空想。我无法回应他们。他们不是我内心声音的回响。

但我的心完全同意奥义书的以下崇高格言：

"在你导师家中学习过吠陀后，在恰当地敬奉你的精神指引者后，回家吧。在你结婚后寻个神圣的角落阅读吠陀，指导你的学生和孩子们什么是智慧之道；并且在你能完美地节制好你的感知动念后，用正当而不伤害任何生灵的手段谋求生活。一个人如果能以此形式度过一生，那么在他死后就能去往梵之域，并且永远不会回归俗世，永不再归。"

凡是在这俗世上，按照神明诫命做善事来净化自己的灵魂，在离去时就能到达神明的圣地；他们能摆脱自身的动物本性，得到一个神圣的躯体。在那个神圣的领域里，他得以观照到神明更耀眼的光辉，并获得更高的智慧、爱和美德，被送到更高的世界中去。就这样越升越高，他从圣地升到更圣地，从无量天升到其他天，不再返回人间。天堂里没有动物、没有饥饿、没有干渴、没有女人或财富的渴望、没有性欲、没有愤怒，也没有贪婪。有永恒的生命，永恒的青春。因此，从一个天堂到另一个天堂，智慧、爱、美德和善良的潮汐将那神圣的灵魂带向永恒的升华，而喜悦的甘泉则从他的心中源源不断地涌现。

在《石氏奥义书》的故事中，纳契克塔向死亡之王描述了天堂：

"哦，死神大人，在天堂里没有恐惧，因为你并不在那里；那里也没有衰朽。无饥无渴，无忧无虑，天界皆欢喜。"

但是，在这个世界上犯下累累罪行的罪人又如何呢？在此世犯罪，不悔改自己的罪行，非但没有束手悔过，反而一次又一次地堕入罪恶之中，死后就进入了悲惨的境地。

"圣洁通向圣洁的厅堂，罪恶通向罪恶的领域。"

这就是吠陀真理。罪人的灵魂会根据他犯罪的程度去往对应的罪恶领域；当他因对他恶行的悔恨而不断地在那儿承受火刑之苦后，当他的赎罪最终结束时，他会得到恩赐的解脱。然后，他或许可以凭借他在俗世上的功德，达到他应得的神圣领域，并享受他的福报。根据他在那里获得的智慧、德行和圣洁的程度，他将行走在那神圣大道上，穿越无数重天，向更高的圣域升去。靠着上帝的恩典，灵魂是会永恒不断地进步的。克服罪恶和悲伤，这个进步的灵魂必须并且将会继续前进和向上；它不会在俗世上再次堕落。罪在神明的圣洁国度中从未得逞。灵魂首先诞生于人体。死后，将化为适当的形态，从一个界域到另一个界域，以求得其善恶的业报，并不再返回此俗世之地。

再一次地，当我在奥义书中看到，对梵的崇拜将通往涅槃时，我的灵魂对这个想法感到沮丧：

"行为，与知觉的灵魂，在梵中合而为一。"

如果这意味着知觉的灵魂失去了独立的意识，那么这绝不像是得到救赎的信号，而是可怕灭绝的迹象。一方面，根据梵法，灵魂是永恒进步的；另一方面，是这种以毁灭来达成救赎的方式，这两者之间有多么巨大的差异！奥义书的涅槃拯救在我心中难以占据一席之地。这种有意识的灵魂本能——无论它是住在高天还是在这个卑微的俗世上——当它所有的世俗欲望都消失了，当它内心日夜燃烧的唯一欲望是获得至高无上的灵魂时，当它没有对伟大灵魂的渴求和欲望时，当它处于那种状态时，这灵魂会执行所有梵所吩咐的善行，以谦卑和耐心的态度为他服务；然后它摆脱了凡胎的束缚，穿越到这个世界的彼岸，在永恒梵的怀抱中找到了避难所，那时它将超越黑暗的苍白，散发着智慧的光芒，并充满了爱！在那里，灵魂充满了新的生机，并被他的恩典净化，它永远与那无限的智慧、爱和喜悦结合在智慧、爱和喜悦中，简直就像阴影没入光明一般。那一刻永远持续。"这梵的国度永远闪耀"。

"这即是它的最终目的，这即是它的最大收获，这即是它的至高无上的天堂，这即是它的至高无上的幸福。"

在吠陀经的这些崇高话语中，心灵得到满足，灵魂找到平静，而内心充满喜悦，永远地诉说着："啊，通过了悟梵的奥义而获得的免于恐惧的解脱是何等伟大！"

"至臻的智慧啊，
你那永远崭新而充满光明的真理，何时会在我内心的天空中闪耀？
穿过漫长的夜晚，
我观望着东方的地平线。
脸朝上，双手合十，
期望着新的幸福，新的生命，和新一天的黎明。
我将看到什么，我将了解什么？
我无从得知那将会是何等幸福愉悦。
我内心深处的崭新光芒啊；
带着那光芒并内心充满着巨大的快乐，我将在回家的路上纵声歌唱——
谁愿意在苦闷的流放中徘徊？"

现在他的这份祝福已降临于我心："愿你脱离这个黑暗世界，在从此世彼岸通往梵的道路上一路顺风！"得到这个祝福后，我能从此世感受到那永恒的梵界。

第二十三章

现在萦绕我脑中的问题是：所有梵修士的共同点是什么？密续、往世书、吠陀经、吠檀多、奥义书，这些都没有为梵主义提供统一的基础，也没有为梵法提供根基。我认定梵法必须有一个统一的信条，它应该是所有梵修士的共识。

这样想着，我向神明敞开心扉，说："你是照亮我灵魂的黑暗。"因着他的怜悯，我的心顿时豁然开朗。在这启迪之光的帮助下，我看到了梵法的信条，我立即用铅笔在我面前的一张纸上记下了它。写完后，我立刻把那张纸扔进一个盒子里锁上了。那时是印度历 1770 年（公元 1848 年），我 31 岁。这信条，或者说是信仰之种，就此留在了盒子里。

接下来，我想梵修士们需要一本圣书；于是请阿克谢·库玛尔·达塔拿起笔和纸，遵循我的口述写下来。然后我向梵热切地敞开心扉。在他的恩典下，在我心中显现出精神界的诸般真理，而我的口中流利而有力地将它们一一说出，就像河流从奥义书之口中流出一样。阿克谢·库玛尔则立刻把它们记录下来。这便是《梵信徒语录》（*Brahmavadis vadanti*），我以无比的热情口述开篇，"梵信徒们说。"梵信徒们要说什么呢？

"这些元素和所有生物,所有运动物体和动物都是从他那里涌现出来的,而现在又不断涌现着,所有的一切靠他维持着生命,他指引它们走向何方,最终进入何地;希望你们认识他胜过一切。他即是梵。"

一个真理随之出现在我的心里,梵就是福祉。对此,我惊呼:

"这些众生从喜悦的梵那里出生,出生之后它们被喜悦的梵维持着生命;它们走向喜悦的梵,最终进入他的体内。"

我看到,原初之时那里只有一个无生的灵魂,那唯一的至尊梵,没有别的。我马上又说道:

"这个宇宙从前是一无所有。啊,我亲爱的信徒,在这个宇宙诞生之前,只有一位真正的无上梵,没有第二位。他就是那崇高的、无源的精神。他是不朽的,不死的,无畏的,永恒的。"

我看到,在考虑了时间、空间、因果、罪和功德以及行动的结果之后,他创造了这个世界:

"他沉思宇宙的创造,如此思索一番后,他创造了这一切!

"是从他那里,生命、意识、所有知觉播撒开来,还有那天空、气体、光亮、水源,以及含纳万物的土地。"

我看到所有的事物都在他的律令下伏首遵从。我说:

"正因畏惧着他,星火燃起,太阳发热;正因畏惧着他,云丛、大气乃至死亡都循着各自的轨迹运转。"

因此,随着奥义书中的真理在我心中渐次显明,我一句一句地将这些话语念诵。最后,我以此收尾:

"那个全知的存在,光耀而不朽,他寄居于无际的空间中;那个全知的存在,光耀而不朽,他寓居于此身的灵魂中,——了知他,追寻者（便能）征服死亡。这便是唯一的救赎之路。"

因此，凭借真神的恩典并通过奥义书的话语，我从自我内心中演化出了梵法的基础。在三个小时里，我就将有关梵法的书写完了。①但是要想理解并消化其中深意，恐怕我需要耗尽一生时间去做；甚至到了我生命结束之时，这一工作恐也无法完成。正是由于我虔诚恭顺地向启迪我信仰的真神祈祷，我对梵法真理的信念才会难以动摇。这部作品所表现的并非我额头的汗水，而是我内心的涌泉。谁启迪了我，显明了我这些真理？是他，他一而再再而三地在宗教、俗世、欲望和救赎之路上启迪我们；是他活生生的神灵启迪我内心，显明了我这些真理。这些启示不是我孱弱智慧下的结论，也不是我摇摆不定、时常困惑的心灵产生的呓语。他们是真神所生的真理，自我内心涌出。这些真理是从那位"真理之命""真理之光"的存在中降至我这儿的。在此之后，我得以了知真神的存在。我得以知道，那些寻求他的人最终能找到他。我仅凭借渴求的印痕得以获得他脚下的微尘，这微尘转而成为我眼中的圣膏。

当这部作品写完时，我将其分为十六章。②第一章被叫做"欢愉之章"。以此，奥义书内容和梵联系起来，这又被称为"梵奥义（Brahmi Upanishat）"。由于这个缘故，我在《梵法正义》的第一章节末尾写道：

---

① 这里指的是梵法本体内容的写作，对于这些文本的解释在《梵法》第一二部分发行很久之后才被书写。
② 在《梵法正义》出版后很久，一次我在马苏里停留时，我将奥义书中的这句话插进了《梵法》的第十六章："智者察觉到真神的至尊存在，就如同眼睛察觉到阳光的存在一般（即无所不在）。"

"那些教授给你们的奥义书内容，正是与梵相关的奥义——'梵奥义'。"

这样便不会有任何人认为我们将吠陀经典和奥义书全部抛诸脑后、和它们不产生一点联系。《梵法正义》包含了吠陀经典和奥义书中的核心真理，而我的内心就是见证。梵法就是吠陀生命之树顶端枝丫结出的果实。吠陀经典的顶点是奥义书，奥义书的顶点就是梵奥义——与梵相关的奥义。这一内容在《梵法正义》第一章中就有论述。

是在奥义书中我第一次找寻到了我灵魂感触的回响；因此我曾想要把梵法建立在全部吠陀经典以及全部奥义书上，而后却悲伤地发现不能这么做。这种感伤并无意义，因为一座矿脉并非只包含不加杂质的纯粹真金。价值低微的矿石需要被打碎才能从中提取金子。这座矿脉中并非所有金子都已被提取出来。许多真理还深藏在吠陀经典与奥义书的矿藏中。每当虔信、纯洁且狂热的灵魂想要追寻这些真理，他们的心门便会借由神的恩典而被打开，他们最终也会发掘出矿藏中的真理。

不言自明的是，只有那些通过善行而内心得到净化的人才有资格去追求、敬拜梵。那使人得到净化的美德究竟为何？它的要求究竟是怎样的？这是所有梵修士需要知道的；而根据这些要求来纠正自己的言行就是梵修士们的每日功课。因此，梵修士们必须有着宗教式的戒律与教条。就像一个人必须阅读有关梵的奥义才能了知梵，他一个人也必须遵守宗教戒律来净化内心。这就是梵法的两条分支要求：首先是奥义内容的学习，其次是道德律令的遵守。对于梵法第一部分形成所需的奥义书内容已然完备。现在我们必须去寻找戒律。

我进而去阅读《摩诃婆罗多》《薄伽梵歌》《摩奴法典》等书，并且通过征集它们中的词句来形成对戒律的强调。在这个过程中，《摩奴法典》使我获益良多。律令当然还包括其他文献中的词句，如古代法典、密续、《摩诃婆罗多》《薄伽梵歌》。我必须辛勤工作去记录这些文献中的律令。起初我将它们分为十七个部分；后来删去其中之一，最后也形成了十六章。

戒律第一章的第一条就是这样的一条律令，所有居家修士都须在他的所有行为中与梵保持联系：

"哈斯塔（grihastha），或者说居家修士，必须敬拜梵，并且始终追寻真理；他必须将一言一行都敬献给至高梵。"

第二条与子女对其父母的义务相关：

"一家之子必须将他的父母视为可见的神明，像侍奉神明一样侍奉父母。"

最后一条律令包含了家庭成员应该如何互相对待：

"长兄如父，妻、子如己身；仆从如自己之影，而女儿如同掌上明珠。因此，即使对所有家人都已不耐烦，也不能失去耐心，而是要克制且和蔼。

"对他人言语要放宽心胸，而自己要小心祸从口出，不要冒犯他人。当你存于此易朽之身时，不要与任何人为敌。"

第二三章则有关夫妻之间的义务。第四章有关宗教信仰，第五章有关幸福自足，第六章有关确证真理，第七章有关言行有信，第八章有关善良，第九章有关乐善好施，第十章自我克制，第十一章道德箴言，第十二章躲避诽谤中伤，第十三章控制感官，第十四章弃绝罪孽，第十五章把握言行、身体和意识，第十六章有关宗教信仰。最后两则律令是：

"朋友之间割袍断义、分道扬镳，就像一根独木被遗弃在大地上，留下一具死尸；而正法则会等待其起死回生。因此为了你自己，渐次地学习并遵循美德行事吧。有了梵法的帮助，人们得以穿梭在此时的凝重黑暗之间。

"这些就是律令，就是要求，就是经文。这样你就能追寻他，这样你就能敬拜他。"

所有能以冷静虔敬之心阅读或聆听神圣梵法、并能全心全意侍奉梵、以宗教戒律行事的人，就能得那永恒之果。

第二十四章

因此,在印度历1770年(公元1848年),梵法被编译成书。阿维塔瓦达①、阿凡达瓦达②和谜塔瓦达③的教义在其中没有任何立足之地。《梵法经》中记载,神与灵魂之间存在着朋友般的紧密联系,并且他们一直在一起,一元论的教义因而被否定了。梵法说:

"他自己并没有成为任何东西。"

他不是物质宇宙,不是树,不是爬虫,不是鸟,不是野兽,也不是人。因此,道成肉身式的化身教义被否定了。

梵法说:

"他反求自身进行思索,而借由内在的思索他创造了一切。"

这个宇宙是绝对完美真理的产物。这个宇宙本身是相对的真理,而它的创造者是真理中的真理,绝对的真理。这个宇宙不是梦境,也不是幻觉,而是存在于现实中。产生它的真理是绝对真理,这是相对真理。因此,摩耶(Maya)的幻象教义被否定了。

---

① Adwaitavada,意为神一元论,这里应指万物与神同体的宗教学说。
② Avatdrvada,意为化身论,指神明以人格化的化身出现在物质世界并展开一系列活动的宗教学说。
③ Mdydvada,意为幻象论。

迄今为止，梵修士们没有圣书；他们的教义、原则和目标散布在各种书籍中。现在这些内容以简洁的形式组合在一起。这触动了许多修士的心，并在他们心中泛起神圣的涌泉。这本梵法书必将触动所有拥有者的心。在梵社的例行祈祷期间，将会阅读此书的第一章，而不是以前阅读的吠陀经；并且在日常阅读中，梵法书也取代了奥义书。此后，梵修士们开始在祈祷时诵读以下梵文文本，无论是梵文原文还是译文：

"神明啊，引导我从不真实到真实，从黑暗到光明，从死亡到不朽。

哦，自我光芒四射的你，向我显现你自己！

哦，你敬畏梵，愿你高贵的加持庇护保护我

直到永远。"

修会房子三层的建设是去年开始的，我们正敦促它在今年的玛格哈月9日之前完成。一周过去了，到了梵社的十九周年纪念日，我们端坐在崭新的三楼大厅，准备以吠陀音调唱诵圣歌旋律，为我们敬拜的梵献上新赞美诗，以及新颂歌的演唱。房间赶在了9日之前完成，整个修会焕然一新。白色大理石的阅览台，前方装饰精美的唱台以及东西两端高耸的木廊，都面貌一新、洁白如玉。大厅整体由水晶吊灯照亮。晚上，我们和家人一起来到了修会。每一张脸都洋溢着崭新的热情和爱；每个人都充满了喜悦。毗湿奴扮演者从他在合唱团的位置领唱了歌曲《哦，你是至高的欢愉①》。然后梵敬拜仪式开始，我们齐声诵唱圣歌旋律。韵文则摘取自梵法书。最终仪式在"平静、平静、

---

① 原文为 O Thou SupremeJoy。

敬拜我主而得平静！"的话语中结束了。

当所有人都安静下来时，我伫立在讲台前，怀着充满喜悦和虔诚的心念着祷词。

此祈祷词由法国信徒，伟大的芬尼隆[①]所撰写，拉杰拉纳扬先生做了恰到好处的翻译，而我在其中穿插了些许来自奥义书的合适文本。读完这段祷词后，我看到许多梵修士感动得流下了眼泪。在梵社中这种情绪前所未见。古往今来，只有梵的神殿里点燃过肃穆而神圣的知识之火，而如今他被用发自内心的爱的花朵来敬拜。

[①] 此处应指 Francois Fenelon，17 世纪法国宗教家。

第二十五章

塔瓦菩提尼修会迄今为止已经成立十年了，但各种法会仍在我们家进行，其中就包括了杜尔迦法会和佳嘎达特利法会①。直接废除我们世代相传的法会和其他庆祝活动会伤害家族中每个人的感情并违背他们的意愿，我认为这样做是不对的。最好的计划是维持自身冷漠的态度，自己不参与其中。如果我的家人对这些仪式活动有信心，或者是以虔诚之心看待它们，那么刻意伤害这些感情是错误的。在与我的兄弟商量后，在他们的允许下，我试图以怀柔手段逐渐停息法会庆祝活动。

我最小的弟弟纳根德拉纳特最近刚从欧洲回来，看到他的自由思维和广阔的见识，我希望他会支持我的观点并反对偶像崇拜。但在这一点上，我恐怕注定要失望。他说，杜尔迦法会是我们社会的纽带，是促进友好交往和与所有人建立良好关系的可靠而富有成效的手段。如果插手的话，会伤害到大家的感情，这样做是不对的。然而，由于我的据理力争和热切恳求，我的兄弟们成功被我说服放弃了佳嘎达特利法会。从那时起，我家不再举办佳嘎达特利法会。杜尔迦法会则像以前一样继续进行。

---

① Jagaddhatri Puja，侍奉迦梨女神的法会。

我仍然必须保持从接受梵主义时就恪守的旧时戒律，即在杜尔迦法会期间离开家不参加该活动。这一次，在印度历1771年[①]，我为了避开法会，出发前往阿萨姆邦。我乘汽船去了达卡，然后穿过梅格纳河到达雅鲁藏布江旁的高哈蒂。

轮船一到高哈蒂，当地行政长官和其他几个大人物都来迎接，也会见了我。他们都很高兴认识我。听说我想去卡玛加寺看看，他们都答应派自己的大象来。我急切地想去看看卡玛加的这座寺庙，我早上四点就起床准备好了，但在岸边只看到了执政官的大象。他是唯一一个信守诺言的人。这时我很高兴，从大象身上下来后开始走路，并告诉骑手让大象跟着。走了一小段路后，我看到大象落后了。骑手正试图让它穿过一条小河。见此，我等了大象一会儿，但天色渐晚，骑手使尽浑身解数也无法让大象渡过河。我失去了耐心，不能再等了。

我走了六英里才到达卡玛加山脚下，一刻都不敢停下来休息，立即就开始爬山。山路是用石头铺成的。路的两边是茂密的丛林，肉眼无法看清里面的状况。细长的山路笔直向上。那时是日出前不久的凌晨，我一个人继续攀登那孤独的森林小径。下着毛毛雨，但我不理不睬地爬了上去。当我的双腿开始不听使唤并拒绝听从我的命令时，我已经走了大约四分之三的路。又累又乏，我坐在一块高高的石头上。我一个人坐在那片丛林中，全身内里被劳累的汗水浸透，外面被雨水浸透——生怕老虎、熊之类的东西突然从丛林里冒出来。

就在这时，骑手出现了。他说："我没能带上大象，见大人独自前行，我就赶紧跟了上来。"那时我的体力部分恢复了，四肢也恢复

---

① 公元1849年。

了控制。于是我又开始和他一起爬山。山顶是一片宽阔的高原，布满了几间小屋；但在任何地方都看不到一个人。我走进了卡玛加寺；不是庙宇，而是岩洞，里面没有神像，只有个阳具崇拜的符号。看到这个，我也累瘫了，只好往回走到雅鲁藏布江边沐浴，振奋精神。清凉的江水给我的身体注入了新的活力。然后我看到有四五百人在溪边排成一排。当被问到他们想要什么时，他们说："我们是卡玛加女神的神庙守卫。你见到了卡玛加，但什么也没给予我们。我们必须崇拜女神直到深夜，所以我们早上难以早起。""走开，"我对他们说："你们不会从我这里得到什么。"

第二十六章

又是新的一年,随着秋季的动人魅力展现在眼前,我的胸中燃起了旅行的欲望。我无法决定这次去哪里。我便打算去河边旅行,想看看恒河上的船。在那里,我看到一艘大轮船,水手们正忙着干活。看来这艘船很快就要开动了。我问他们何时能到阿拉哈巴德(Allahabad)。男人们说两三天后船就要出海了。听到这是一艘远洋轮船,我觉得这是一个满足我出海航行愿望的绝佳机会。我立刻去找船长订了一间船舱,并抓准最后的时机登上船进行海上航行。我以前从未见过大海的蔚蓝海水。看着蔚蓝、波涛汹涌、无穷无尽的海洋上昼夜变化多端的美景,让我陷入了永恒之灵荣耀的深处。

轮船开抵海上后,在摇晃的海浪中度过了一个晚上,然后轮船于次日下午三点抛锚。我看到面前是一片白色的沙滩,上面似乎有一个定居点,于是我决定去看看这个地方。当我四处走动时,我看到一些脖子上戴着护身符的吉大港孟加拉人向我们走来。我问他们:"你们是怎么过来的,在这里做什么?"他们说:"我们是商人。在今年的阿什温月,我们带来了母神(指杜尔迦女神)的画像。"我惊讶于在这个缅甸小镇凯克普居然也能听到杜尔迦法会这名字。什么!在这里也有杜尔迦法会!

之后，我回到轮船，驶向毛淡棉。当船离开大海，驶进毛淡棉河时，我以为就像从恒河口进入恒河一样。但是这条河一点也不美丽。水浑浊黏稠，到处都是鳄鱼。没有人在里面洗澡。抵达毛淡棉，船在此抛锚停下。在这里，一位来自马德拉斯的穆达利亚尔[①]接待了我。他走到我面前自我介绍。他是一位政府高级官员，一位真正的绅士[②]。他带我去了他家。在毛淡棉短暂逗留期间，我一直被他奉为贵宾，我们度过了非常愉快的时光。毛淡棉的道路干净而宽阔。在两边的商店里，只有一些妇女在卖各种商品。我从她们那里买了一些盒子和精美的丝绸。当我穿过市场环顾四周时，我来到了一个鱼市，在那里我看到大桌子上摆着待售的大鱼。我问这些大鱼是什么。"鳄鱼。"他们说。缅甸人吃鳄鱼。他们嘴上说着 Ahimsd（不杀生）的佛教教义，但是鳄鱼在他们的肚子里躺着！

一天晚上，我在毛淡棉宽阔的街道上散步时，看到一个男人向我走来。当他走近时，我看到他是孟加拉人。那时我惊讶地看到这里居然还有孟加拉人。一个孟加拉人从哪里渡海而来的呢？孟加拉人无处不在！

他回答说："不幸把我带到了这里。"我立刻明白了什么是他所说的不幸，便问道："不幸持续了多久？"他说："七年。""你做了什么？"我问。"没什么，"他回答道，"我只是伪造了一张政府本票。我已经服完了我的刑期，但因为缺钱无法回家。"我提出支付他的旅费。但他可以去的家在哪里？他曾在那里创业，结了婚，过了一段幸福的

[①] Mudaliar，穆达利亚尔是一种泰米尔族的称号或族姓，通常是军事贵族、指挥官或者他们的后代所拥有。

[②] 此处原文为 Babu。

生活。他现如今还有什么理由要回家,展露出一贫如洗的今容?

穆达利亚尔告诉我这里有一个洞穴值得一看,如果我想去他可以带我去看看。我同意了。新月涨潮之夜,他带来了一艘长船,船中间有一间小木屋。那天晚上,我和穆达利亚尔,带着船长和其他七八个人,上了船,在半夜时分启程出发。我们整晚都坐在船上。英国人开始唱他们的英文歌曲,并邀请我也唱孟加拉语歌曲。我时不时地唱几首赞美诗,他们根本听不懂,也不喜欢——他们只是笑。当晚行驶了二十四英里后,我们于凌晨四点到达目的地。我们的船靠了岸。

那时天还是黑的。离岸边不远处,一幢被树木和灌木包围的房子里闪烁着微光。在好奇心的驱使下,我独自一人在黑暗中走向那个不知名的地方,看看它是做什么的。我看到一间小茅屋,里面有几个剃光头、身着黄袍的苦行僧。他们手里拿着蜡烛,并且把蜡烛摆得到处都是。我很惊讶在这里也能看到像贝拿勒斯的丹迪教派①那样的人。丹迪教徒怎么会来这里?后来我才知道他们是佛教徒的法师、僧侣和导师。我正在默默地注视他们摆弄着光与影,这时其中一个人看到了我,把我带进了房间。他们给了我一张坐毯和洗脚的水,以此表达对我来访他们住处的欢迎。以礼待客是这些佛教徒的职责之一。

天亮了,我也回到了船上。太阳初升,然后穆达利亚尔的其他客人也来了,加入了我们的行列,一共有五十人。穆达利亚尔邀请我们所有人吃早餐。他买了几头大象,我们三四个人坐在一头大象上,以此穿过广袤丛林。这个地方布满了小山丘和茂密的丛林,大象是这里唯一的交通工具。下午三点,我们到了洞口。在这里,我们从大象身

---

① 印度教的一个苦修教派。

上下来，穿过齐腰深的丛林。洞口很狭窄，我们必须四肢着地匍匐着进入。爬了几步，我们就能站直了。里面很滑，我们的脚开始打滑。我们小心翼翼地摸索了一段距离。下午三点天黑了，就仿佛是凌晨三点一般。我们害怕的是，如果我们在通道中迷了路，我们怎么出去？那样的话，我们就会整天在这个山洞里晕头转向。这个想法让我无论走到哪里，都要留意狭窄开口的光线。在那个漆黑的山洞里，我们五十个人分散开来。每个人手里都拿着硫黄粉。我们每个人都将硫黄粉撒在所站的岩石中的裂隙中。我们就位后，船长点燃了他的粉末。于是，我们每个人也随之点燃了硫黄粉末。一瞬间，五十处亮光照耀了洞穴的五十个不同部分，使我们可以看到整个洞穴内部。多么巨大的洞穴啊！我们向上仰望，但它的高度超出了我们的视线范围。我们惊奇地看到洞穴内有着自然而多样的石头造型，它们都是由雨水的作用缓慢形成的。

之后我们来到洞穴外面，在山上野餐，吃完后返回了毛淡棉。在回来的路上，我们听到了几种乐器合奏产生的音乐声。我们顺着声音的方向走去，看到一些缅甸人在那里以各种扭曲的方式跳舞。船长和其他英国人加入他们的欢快舞蹈中，也开始兴致勃勃地跳起同样的舞步。一个缅甸女人，站在她家门口，看到贵族老爷们在取笑他们，在那些极度兴奋的人耳边低声说了些什么，他们就立刻停止了舞蹈和音乐，逃跑了。英国人极力劝说他们再跳舞，但他们不听，并三三两两散去了。这就是缅甸女性对男性的影响。

我们回到了毛淡棉。我去见了一位备受尊敬的缅甸官员，他很礼貌地接待了我。他坐在一把椅子上，下面垫着地毯布。我坐在另一把这样的椅子上。房间很大，在其四个角落，他的四个年幼的女儿正坐在那儿缝东西。当我坐下时,他说了一句"阿达",其中一个女孩走过来,将一个圆形槟榔盒放在我手中。打开它,我看到里面有槟榔香料。这是佛教居士招待客人的方式。他给了我一些折枝,这些枝条属于他们国家一种美丽的开花树木,是阿育王树的近亲品种。我把它们带回家,种在花园里,但即使非常小心,也无法让它们在我的国家存活。这种树的果实是缅甸人最喜欢的美食。如果他们有十六卢比,他们将会全部拿来买这种果实。对他们来说,这是一种极佳的美味,但对我们来说,甚至它的气味都难以忍受。

第二十七章

从缅甸回来后,在那年的法尔贡月(Falgun)结束时我启程去了卡塔克。沿着朝圣者前往贾格纳特的路线,我乘坐马车到达了卡塔克。我在那里租住了一间小屋。在柴特拉月,卡塔克的太阳非常猛烈,我感到热得喘不过气来。从那里我去了位于畔都阿的一处我的地产管理办公室,并在那里待了一段时间来处理地产有关事宜。从那以后我去普里看贾格纳特①神迹,晚上乘马车旅行。天亮的时候,我来到了离普里不远的一个漂亮水池边,听说它的名字是钱丹−雅特拉池。在那里,我从马车上下来,在池子清凉的水中沐浴,洗去了旅途中的所有疲劳。

我刚洗完澡出来,一名贾格纳特神庙的向导就过来找到了我。我马上步行跟上了他。我没有穿鞋,这让向导很高兴。到达寺庙时,我看到大门紧锁,外面站着一大群人,都渴望见到贾格纳特。向导随身带着寺庙的钥匙,并以此打开大门。一扇门打开后,我看到寺庙内有一条长长的走廊,向导进入到里面并打开另一扇门,我又看到了门后另一条走廊。我身后有一千名朝圣者,当向导打开最后一扇门时,他

---

① 贾格纳特(Jagannath)神是印度教神祇之一,被称为宇宙神、世界神,相传能为当地百姓解除疾苦。

们冲进寺庙哭着喊叫着:"荣耀属于贾格纳特(Jai Jagannath)!"我不知不觉被汹涌的人群往前推着走。我的同伴设法以某种方式抓住并保护了我,但我的眼镜掉下来摔坏了。因为人群,我无法看到贾格纳特的形象,但确实看到了无形的贾格纳特。在这里有一种说法,大意是,在这座贾格纳特神庙里,想看什么就能看到什么。就我而言,这确实是真的。

在那狭窄、黑暗、闷热的庙宇里,有一群难以想象的朝圣者,男女都有。女人们几乎不可能保持她们的礼仪。被那乱窜的人群裹挟包围着,我左右摇晃,似乎根本不可能停留在任何一个地方站好,哪怕只是片刻。然后和我在一起的寺庙守门人和向导们手牵手围住了我,形成了一种三角形的保护圈。再往前走,贾格纳特的宝座本身变成了我的保护。终于我可以自由地环顾四周。贾格纳特前面有一个装满水的铜制大容器,可以看到他神像的水中倒影。将水中贾格纳特倒影的牙齿洗刷了一遍,然后再倒上水,这就完成了贾格纳特的清洗和如厕仪式。然后,向导爬上了贾格纳特的神像,给它换上了新衣服和新的装饰。这时已经过了一点。在这之后是圣餐的时间,我就离开了。

从那里我去了维马拉女神神庙。这里人很少。每个人都注意到我没有向维马拉女神致敬。祭司被激怒了:"这个不鞠躬的人是谁,他是谁?"——他们都面带威胁地向我走来。意识到这种情况,我的向导带我回到了我指定的住所,在那里他对我说:"你不向维马拉女神致敬是不明智的。此举极大地冒犯了朝圣者。这只不过是一个鞠躬,你轻而易举就能做到。"

"说到为什么不向你的维马拉女神致敬,"我告诉他,"我为什么不会在维马拉女神面前弯腰屈膝？你知道吗，我曾在梦里去过玛雅普里（Maya Puri）。我在那深入到玛雅的神殿里，我看到了她。她身材苗条而白皙，牙齿整洁，半斜倚在镶有珠宝的沙发上，容光焕发。她没有理会我。她的一个随从示意我鞠躬。'我不向任何受造的神或女神致敬'，我说。他们不屑地咂巴了下嘴。玛雅女神对他们说，'如果他不致敬，就让他献上一朵花吧。'我没有回答，就从她的房间里径直出来了。下楼时，我走到前面的阳台上，准备出去。但当我向前迈出一步时，我看到另一个阳台出现在我面前；再往前，还有一个阳台。因此，我经过的阳台越多，前面的阳台也越多。我一个接一个地穿过几个，但无法走到它们的尽头。然后我明白我陷入了玛雅的罗网。最后，我筋疲力尽，我从阳台上摔了下来。我的梦境在这一刻消失了。回过神来，我发现贾格纳特的普里就是玛雅女神的普里。"

向导听不懂我的话，就走了。紧接着是玛哈帕萨德[①]时的骚动和喧嚣，人们为领取圣餐欢欣鼓舞。贾马达尔[②]、婆罗门和仆人们都拿起了玛哈帕萨德，并将它放入彼此的嘴里。然后，大家聚在一起开心地吃饭，没有婆罗门和首陀罗的区别。荣耀归于乌里亚人，在这件事上他们赢得了掌声；在这件事上他们消弭了种姓的区别。

从普里出发我回到了卡塔克。一到那里，我了解到我地产的财政负责人钱德拉·冈古里去世了。他和拉莫汉·罗伊交往密切，也是拉莫汉的儿子拉达普拉萨德·罗伊的朋友。他还是梵社的首任秘书。我父亲在了解到他的商业才能后，将家族的地产全权交付予他，并且直

---

① 圣餐会。
② Jamadars，是印度军队中的一种军衔，大约相当于英国军队中的尉官（Lieutenant）。

到今天,他都在我们家的指导下,以杰出能力帮我们处理资产相关事宜。听到他的死讯,我立刻从卡塔克往家赶,那时是印度历1773年贾什塔月①,并且我赶忙开始为家族地产考虑新的管理安排。

---

① 公元1851年。

第二十八章

在1854年格林德拉纳特去世。他处理公司事务的能力很强，以至于他的去世造成了公司业务管理上一个不容易填补的空缺。到这个时候，许多债务已经清偿，但仍有许多债务留存。某些债权人无法容忍进一步延迟付款，已对我们提起诉讼，并获得了法院的还款条令。那段时间，吃过早饭后，我会在梵社二楼的塔瓦菩提尼修会办公室度过一天，负责处理修会的事务。一天早餐后我要去修会时，我的属下说："今天最好不要去修会，我怕有逮捕令等着您。"我认为这是一种无谓的警告，没理会就去了修会，坐在那里忙着处理生意。

过了一会儿，一个孟加拉文员红着脸朝我走来，低声说："我不是让你今天别来这里吗？你为什么来？"说完，指示我走到他身后的法警那里，他说："这是德温德拉纳特·泰戈尔。"法警随后向我出示了一份逮捕令，并说："您必须立即支付14000卢比。"我说："我现在没有14000卢比。"他说："那您必须跟我到警长那里去。"我让他稍等一下，我派人叫了一辆马车。当马车到的时候，那位英国法警把我带到了警长那里。

与此同时，我们家里出现了很大的混乱，因为我是根据逮捕令被捕的。每个人都说他们告诉我那天不要离开家，但我没有听他们的话，导致自己被捕了。碰巧那年我们家的律师乔治先生在担任治安官。他让我在他的办公室坐下，问我那天为什么离开家。另一方面，我最小的弟弟纳根德拉纳特去找科尔文法官，后者建议他保释我；钱德拉先生和我们家的其他人因此为我保释，使我摆脱了监禁的命运。

得知此事后，我的叔叔普拉萨纳·库玛尔·泰戈尔非常恼火，他说："代温德拉从不问我任何事情，从不告诉我任何事情；如果他听从我的建议，我本可以为他处理好他所有的债务。"第二天，我听到了这个消息，来到他面前。他对我说："看这里，你什么都不用做，只要把你所有的地产收入都交给我，我会在你债务到期的时候替你还清它们，这样的话就没人会拿债务来烦你了。"我很感激地同意了他的这个提议，然后把我们地产的全部收入都交给了他，而他则承诺还清我们的债务。

在此之后，我几乎每天早上都会去找普拉萨纳·库玛尔·泰戈尔，向他展示账户明细，并讨论资金事宜。不管何时我到他那里，都能看到他的最佳密友，那巴·班纳吉，在他身侧，戴着白色莫拉萨头巾。就像法警警长之于法庭一样，那巴·班纳吉在我叔叔的达尔巴①中地位举足轻重。所有的事情，我叔叔都会与他探讨。那巴·班纳吉是他唯一信任的人。有一天，我叔叔普拉萨纳·库玛尔·泰戈尔也在场，那巴·班纳吉跟我说："《塔瓦菩提尼期刊》办得相当好。我时常坐在先生的图书馆中阅读它。它能传授知识、激发能力，并且人们可以从中获得智慧。"我说道："别读它，别读它。""为什么？"普拉萨纳·库玛尔·泰戈尔问道。我说："你读《塔瓦菩提尼期刊》会发生什

---

① darbar，意指宫廷。

么？不停阅读它你就会像我一样痛苦迷茫。"他说："要我说的话，代温德拉刚刚做了个自我坦白，他真是太诚实了！"说完他哈哈大笑。之后，他跟我说："那好吧，你能跟我证明神明存在吗？""你能跟我证明面前的这堵墙存在吗？"我回答道。他笑了笑，并说："你看看这是多大的问题！我能看到墙就在眼前，还有什么是需要证明的？"我说："我能看到神明无处不在，还有什么是需要证明的？""你说的好像神明跟墙是一回事似的！"他答道。我说："哈哈！你注意看看代温德拉在说什么。和墙比起来，神明甚至更接近我们——他在我内心之中，在我灵魂之中。茫茫多的圣书都批评过那些不相信神明的人。'阿修罗们坚持邪魔外道，他们说这世上没有神明'。"他说："但我只信奉一条守则高过一切，那就是，'我就是至高之神，永恒，自由而自存；我不是其他任何事物'。"

如果他发表一些其他的高谈阔论，例如"我很富有，我是许多人之主，谁能与我平起平坐"之类的，那么他的发言还算是保有些许理性。然而称自己是至高神性——这种狂傲是众恶之源；一个人理应对这种想法感到厌恶。我们被万千个世俗的圈套所束缚着——我们沉浸在腐烂和悲伤、罪恶和邪恶中——在此情况下，还有什么比我们认为自己是永恒的、自由的和自存的更怪异的呢？商羯罗通过宣扬一元论的教义改变了印度人的头脑，混淆了神与人的身份。遵循他的教导，苦行者和世人都在不停重复这个无意义的公式：我是那个至尊之神。

第二十九章

在印度历1778年[①]保夏月29日,梵社举办了一次全体成员大会,由拉马纳特·泰戈尔主持。此时,梵社有两位受托人的位置空着,此次会议的目的就是任命新的受托人。根据信托协议的条款,只有普拉萨纳·库玛尔·泰戈尔有权任命这些受托人。出于他的意愿和众人的共识,会议当天主席认命了拉达普拉萨德·罗伊和我作为梵社的两位受托人。

我在印度历1770年[②]把梵信仰的信条锁在了盒子里。现如今几年过去我把它拿了出来,令我惊讶的是,它仍然是有价值的信条。我在第二条中用"无限"和"全能"两个词代替了"祝福"和"神奇的力量",在第三条中用"福祉"代替了"幸福"。在第二节的末尾,我增加了"Dhruvam purnamapratimam"一词。在印度历1773年[③]阿格拉哈扬月的《塔瓦菩提尼期刊》中,信条的第四节作为标题发表了出来,这一标题为"敬爱梵并遵从他的祝福就是对梵的崇拜"。自1779

[①] 公元1856年。
[②] 公元1848年。
[③] 公元1851年。

年[①]维莎卡月起，完整的信仰信条开始作为头条在《塔瓦菩提尼期刊》上不断发布。

"原初之时那里只有唯一的至尊梵，没有别的。是他创造了一切。他是无限的智和无尽的善；他是不朽的、无所不知的、无所不在的、永恒的、无形的、不变的。他独一无二，伟力无边，自我独存并且至臻至善；没有人能像他一样。我们在此世和彼世的福祉仅依存于敬拜他。敬爱梵并遵从他的祝福就是对梵的崇拜。"

这个信条发表后，我发现所有的梵修士都赞同它，都对它一致感到满意。到目前为止，没有人提出反对。尽管梵社已经产生各种意义上的分裂，但由于神明的恩典，这一信条仍然是所有梵修士的共识。以至于在梵社成立二十八周年之际，一位虔诚而深思熟虑的梵修士在布道过程中对这一信条赞叹道："只要这个世界还尊重真理，只要良心之主还端坐在人们内心的宝座上，那么毫无疑问，这信条会启迪我们作为人类善良的本性。"

[①] 公元1857年。

第三十章

终于,在这十年里,我们的债务大部分都还清了。我沉重的父债负担减轻了很多。转而迎来的是另一种新的、不幸的负担,这些新的负担开始压垮我。当吉林德拉纳特在世时,他为自己的开支欠下了沉重的债务。我已经清偿了其中一些以及我父亲的债务。现在,由于个人开支,纳根德拉纳特又开始负债累累。不仅如此,为了帮助其他人,他甚至会借 10000 卢比——他的性情是如此的善良和富有同情心。

他的慷慨和和蔼可亲的举止非常吸引人。有一天,他的一个债权人就他的债务事宜对他说了些尖锐刻薄的话,他因此含着泪来找我,说,我的债权人坚持要在我给他的手签上附上你和我的签名。我对他说:"我可以把我所拥有的东西都给你,但我不能签署任何票据或保证书。事实上,我已无法还清我们已经欠下的债务,我还怎么可能把自己束缚在你的新债务上呢?我不会再使自己陷入债务的罪恶泥潭了。"听到我这样说,他靠在墙上,哭了三个小时。他的哭泣使我心碎;但我不能在他的字条上签名。我对他说:"我们租出位于加林普尔(Galimpur)的丝绸工厂、卖掉我们所有的书籍,筹措到了一些钱,你可以拿走我们以此获得的所有钱——我无条件地把这些钱给你,但我不能在不知道如何偿还时，违背良心在一张借款字条上签字。"他非常伤心和受冒犯。抱怨他的亲哥哥不帮他，一气之下离开了我们的房子，去了我最小的叔叔拉马纳特·泰戈尔的家里。在此之后，我不得不签署一张 8000 卢比的支票给他。他答应我，会把我们所有的书都卖了还清债务，并且以后不会给我添麻烦了。

但即便如此，纳根德拉纳特也没有回到家里，而是继续住在我们叔叔的房子里。这些事彻底击垮了我。我想，如果我还待在家里，肯定会不堪其扰，并逐渐再次陷入债务纠纷。所以我也最好离开家，再也不回来。那时，阿克谢·库玛尔·达塔创办了一个朋友协会，在协会里他们讨论神明的本质，并通过举手表决来确定本质究竟如何。例如，有人说："神明是不是福祉（bliss）的化身？"那些相信神明赐福的本质的人举起了手。因此，在这里神明赋性的真假由多数投票决定！我身边那些如同手足的密友，我在他们身上再也看不到任何宗教情绪或虔诚的迹象；每个人都只是以自己的智慧和力量与其他人探讨碰撞。而我自己在任何地方都没有得到饱含同情的回应。我对世界的反感和冷漠迅速增长。这在一方面让我受益匪浅，因为这使我变得渴望深入灵魂深处寻找至尊灵魂。我开始探究那些第一原则。我决心在我的生活中发现这些原则的内在意义，并用理性之光来检验那些因神明的恩赐，从灵性情感的浪潮中漂向我的真理。

我从哪里来，为什么来这里，这些真相还未在我眼前显现。对此我饱含遗憾和悲伤，只因我对自己的职责一无所知。

我在哪里，我为什么来到这里，我将再去往哪里；这一切还未向我显现。我还没有在这里获得尽可能多的关于神明的知识。我不再融入轻浮的人群里，或是将我的时间浪费在闲谈中。我要专心致志，为他的缘故在避世的状态实行严格的苦行。我将离开我的家，永远不会回来。什里马特·尚卡拉查里亚这样教导我：

你是谁，你从哪里来？好好思索这个真理，我的兄弟。

这时，在印度历 1778 年[①]色拉瓦那月，我住在戈帕拉尔·泰戈尔位于巴拉纳戈尔的花园洋房。在这里，我读到了《往世书》(Shrimatbhagavat)。书中的这句话深深震撼了我：

"我的苏维拉塔啊，那些因某物而在人类中流行的疾病，永远无法通过那些相同的事物来治愈。"

我陷入了一个大麻烦：被困在这个俗世上。因此，这个世界无法将我从这个麻烦中拯救出来。那么，让我飞吧。晚上，我常常和朋友们坐在恒河岸边的花园里。雨季厚厚的云层从天空掠过我的头顶，这些深蓝色的云彩给当时的我带来了极大的快乐和平静。我心想，这些云彩是在如此自由地漫游；他们是如此随心所欲地四处走动。如果我能像他们一样自由地游走，在任何我想去的地方漫游，我会多么高兴。在《昌多嘉奥义书》(Chhandogya Upanishad) 的注解中，我发现有这么一个说法：

"那些如今在这里徘徊的人，他们了知灵魂和他们所有的真实愿望；他们可以自由地在所有世界中漫游，并且可以自由地从一个世界到另一个世界。"

这光景在我看来非常令人羡慕。我心想，我要离开这里，到处流浪。再一次地，我在《白净识者奥义书》(Svetaswatara Upanishad) 的注释中看到：

---

① 公元 1856 年。

"不是通过财富,不是通过生育,不是通过工作,而是通过弃世才能获得不朽。"

此后,这个世界再也无法框住我的思绪,我从它的迷惑缠绕中挣脱出来。我开始期待阿什温月的到来,届时我将飞离此地,四处游荡,一去不返。

"这是来自第七天堂的呼唤!谁知道我在俗世上的愚蠢追寻阻碍了你的什么工作?"

第三十一章

我一直在等待的阿什温月现在已经到来。我用 100 卢比租了一条船去往贝拿勒斯。印度历 1778 年①的阿什温月 19 日上午十一点，恒河的潮水袭来，我的胸中也涌起了一股新的热情。我上了船。扬帆起锚，我仰望神明，说道：

"我们坐在船上；吹起来吧，令人喜爱的风啊！或许我们会再次见到我们那位非常值得一看的朋友。"

在阿什温月逆流而上，我们花了六天时间才到达纳瓦德维帕。我们在恒河的一个沙洲小岛上过夜。四周都是恒河的水域，中间漂浮着这个小岛。由于大风大雨，我们两天都无法离开它的海岸。在卡提克月②的 16 日，我们到达了蒙格尔。凌晨四点，我启程去看西塔昆达山的风景，下船走了六英里后，我在日出时到达了那里。泉水热得不能把手伸进去。山路的四周有栏杆。问其原因，当地人说："朝圣客有时会跳进泉水里去，所以奉当地长官之令立了栏杆。"看到此景后，我又走了六英里，回到船上，又饿又渴又累。

之后，当我们在法图亚穿越广阔的恒河中游时，起了一阵强风。

---

① 公元 1856 年。
② Kartik，指 10—11 月之间的一个月。

船匆匆划向陆地。尽管船只靠了岸，它还是被猛烈的狂风一再撞到高高的河岸上。眼看它就快要散架、救不回来了，我离开了颤抖的小船，站在岸边。但是，虽然我脚下是坚实的土地，暴风雨却使我心烦意乱；沙子像子弹一样飞溅并刺穿了我的身体。我裹着厚厚的被单，站在岸边，感受着那"披裹着升腾雷霆"的至尊神明，在狂野而凶猛的河流中的荣耀。跟在我们后面的小船带着我们所有的物资沉没了。在那之后，我们在抵达巴特那时采购了新的物资。那里的水流非常强劲，船几乎无法移动。逆流而上，我们在阿格拉哈扬月6日途经巴特那到达了贝拿勒斯。

从加尔各答到贝拿勒斯，我们花了将近一个半月的时间。一大早，我把我所有的东西都从船上拿了出来，朝席克罗的方向走去，我在周围寻找旅馆，或者随便找个什么地方住。走了一段距离后，我看到一座空荡荡的破房子矗立在花园的中央。一些隐士坐在一口井边交谈。我心想，这房子一定是一个任何人都可以住的公共场所，于是我带着我所有的行李在那里安顿下来。第二天，著名的贝拿勒斯的拉金德拉·米特拉的儿子古鲁达斯·米特拉来拜访我。我想知道他是怎么知道我来这里的。我迅速起身，亲切地让他坐在我身边。他说："你选择住在我们的这所房子里，是我们的荣幸。这所房子没有门，没有窗帘，也没有任何防护装置，而且夜间空气很冷。你一定是在非常不舒服的情况下度过了夜晚。如果我早知道你会来这里，我们就会安排好一切。"他非常有礼貌和善良，并坚持要打理好我的住处，让它适宜居住。我在贝拿勒斯住了十天，过得很舒服。

当月的17日，我乘坐马车离开贝拿勒斯。我把我的大部分仆人都送回家了，只带两个人上了马车。这两个人是基肖里纳特·查特吉和来自克里希那加尔的一位送奶工。第二天晚上，在阿拉哈巴德到达右岸时，我把一艘渡船吊起在我的马车上，生怕一大早找不到渡船。那天晚上我睡在马车载的渡船上。第二天一早，渡船悠闲地启程，中午时分到达对岸。在堡垒下面的沙滩上，我看到几面小旗飘扬；宗教权威们告诉人们这些旗帜能在圣父的天堂里升起，以此收取费用牟利。

这里是帕拉格的圣地；这就是著名的班尼哈特。在河边这个地方，人们剃光头，用土地和水供奉祖先，并布施物品。我的船刚一靠岸，就有当地向导像往常一样袭来，他们登上了我的船。其中一个人把手放在我身上说："来这里洗澡，剃光头。"我说："我不是来朝圣的，也不会剃光头。""不管是不是朝圣者，都要给我一些钱。"另一个说。"我什么都不会给你，你可以通过工作来赚钱维持生计。"我回答说。他用印地语说："不给我钱，我不会让你走的；你必须给我一些东西。"我用同样的语言回答："我不会给你钱的，让我们看看你能从我这拿走什么。"刚说完，他就从船上跳到陆地上，抓住拖绳，开始和其他人一起用力拉开。拉了一会儿，他来船上，跑到我面前说："现在我做了一些工作，给我钱。"我笑着给了他一些钱，说："这才对嘛。"

过了正午，我们艰难地到达恒河左岸的渡口。然后，走了四英里，我们找到了一间平房，并在那里休息。离开阿拉哈巴德后，我于当月22日到达了阿格拉。我的马车日夜不停地奔波；中午我们会在树下做饭和用餐。在阿格拉，我看到了泰姬陵。这座泰姬陵是世界的皇冠。登上一座宣礼塔，我看到夕阳西下的地平线，把它变成一团红色。下面是蓝色的珺纳河。中间那座纯白的泰姬陵，带着美丽的光晕，仿佛从月亮上坠落到人间。

我于 26 日沿河出发前往德里。在保夏月的寒风中，我有时会在珺纳河里沐浴，血液在我的血管中仿佛冻结了一般。我的船开走了，但那之前我常常沿着珺纳河岸穿越两岸的玉米地、村庄和花园，享受大自然的美丽。这些美景让我心中充满了平静。十一天后，我到达了珺纳河河岸边的马图拉市，并立即去参观了这座城市。

河岸边有隐士休息处。其中一位用印地语向我喊道："过来，让我们讨论一下神圣的书卷。"我很想马上去参访马图拉，所以我没有给他任何答复就走了。在我回来的路上，我去找他。他从他的收藏中拿出了一些手稿。我看到它们都是拉莫汉·罗伊作品的印地语翻译。他开始念诵赞颂梵的赞美诗，即《摩诃涅槃密续》(*Mahanirvan Tantra*) 中的 "Namaste sate"。我发现我们的宗教信条非常相似。我很惊讶能在路边遇到这样的人。我请他上我的船，和我一起在船上吃饭。他答应了，只需我给他一点圣酒。喝这酒的时候，他重复说："喝了一滴酒的人，拯救了三千万代的祖先！"他还说："我已经用死尸进行过各种仪式。"他是一个正经的密续修士。那天晚上他睡在我的船上，一大早起来就开始咕哝着各种各样的事情，直到在珺纳河沐浴后才离开。

在此之后，我去了布林达班。在那里，我参观了拉拉先生慷慨捐助的著名建筑——戈文吉神庙。有四五个人坐在神殿旁高耸的乐室里，听着赛塔[①]所演奏的曲子。看到我没有向戈文吉鞠躬致意，他们相当吃惊。

---

① setar，一种三弦乐器。

离开阿格拉一个月后，我的船在保夏月27日终于开到了德里的浅滩。我看到一大群人聚集在上面。德里的国王（the Badshah of Delhi）正在那里放风筝。现在没有别的东西可以让他如此全神贯注了；他要做什么呢？进入德里市镇中心，我在市集旁租了一间房子。纳吉·德拉纳特来带我回家，四处寻找我。那段时间我一直待在德里大路上的市集里，但他却找不到我，只好失望地回家了。我后来才听说了这件事。

在这里，我遇到了苏克哈南达大师[1]，一位梵密教崇拜者，哈里哈拉南达·提尔塔大师[2]的弟子。这个哈里哈拉南达是拉莫汉·罗伊的好朋友，他曾经住在拉莫汉的花园宅邸里，他最小的弟弟就是拉玛钱德拉·维迪亚瓦吉什。我一到德里，苏克哈南达大师就给我送来了一些葡萄和其他美味佳肴，我也回以礼物，并去拜访他。然后又轮到他来我这做客。于是我得以遇见并与苏克哈南达熟络起来。苏哈南达说：“我和拉莫汉·罗伊都是哈里哈拉南达·提尔塔大师的弟子；拉莫汉·罗伊和我一样是密续修行者。”所有不同的宗教派别都声称拉莫汉·罗伊是他们自己宗派的信徒。

著名的库塔布高塔距离这里有十六英里。我去参观了一番。这是古代印度教徒的光荣作品。穆斯林现在说它是巴德沙库塔布战役胜利的象征；因此它被称为库塔布高塔。穆斯林人以这种形式打败了印度教徒，但他们也毁掉了自己的名声。"高塔"的意思是高柱状的宫殿塔。库塔布高塔高近一百六十一肘（古代计量单位，一肘约等于十八英寸）。登上高塔最高的炮塔，我欣喜若狂地看到半圆形地平线所囊

---

[1] Sukhananda Swami，其中 Swami 是对学识渊博、思想深邃者的尊称，此处译为大师。
[2] Hariharananda Tirthaswami。

括的广袤壮美的平原，这美景时时宣扬着至高者的荣耀。

从这里我乘坐驿站马车前往乌姆巴拉。在这里，我乘着小轿子去了拉合尔，只带了基肖里纳特一起。从拉合尔回来，我在法尔根月4日到达了阿姆利则。到达的时候，那里冷得很。

第三十二章

虽然我来到了阿姆利则,但我的心却驻留在另一个阿姆利则,那个不朽的圣湖,锡克教徒在这湖边敬拜阿拉赫·尼兰詹或那个高深莫测的不朽者。一大早,我匆匆穿过小镇,去看圣地阿姆利则湖。逛了几条街后,我终于问路人阿姆利则在哪里。他惊讶地盯着我说:"什么意思?这里就是阿姆利则。""不不不,"我说,"那个阿姆利则湖在哪里?就是那个人们唱诵圣歌敬拜神明的地方。"他回答说:"古鲁瓦拉?哦,那很近,走这边就能到。"

沿着指示的道路,经过贩卖红布披肩和围巾的集市,我看到寺庙的金色尖顶在早晨的阳光下闪闪发光。盯着这个方向一路走,我到达了寺庙,看到了一个大湖,它是加尔各答拉尔迪吉湖的四五倍。这就是圣湖所在。它由流经马达瓦普尔运河的伊拉瓦蒂河水填充着。南达士上师在这里挖了一个很大的人工湖,称之为阿姆利则。以前它被称为"查克"。

湖中央,如一座小岛,有一座白色大理石寺,我是从一座桥上进去的。前面是一大摞书,上面盖着一块杂色的绸布。寺庙的一位锡克教徒领袖正在上面挥舞着羽毛。一边,歌者吟唱圣书上的旋律。旁遮普的男男女女来了,绕着寺庙四处走动,奉上贝壳和鲜花作为供物，然后离去。有些人则选择驻足停留，虔诚地歌唱。在这里，百无遮拦、任凭去留。没有人要求朝圣者们过来，没有人阻止他们过来朝圣。基督徒和伊斯兰教徒，都可以来这里；只有一条规则必须遵守，即任何人都不得穿鞋踏入古鲁瓦拉。总督莱顿勋爵曾违反了这条规定，所有锡克教徒都为此深感羞辱和愤慨。

晚上我又去了寺庙，看到正在举行阿拉蒂或者说是晚祷仪式。一个锡克教徒站在书本前，手里拿着五灯芯，正在表演阿拉蒂。所有其他锡克教徒手拉手站着，用庄严的语气和他重复着祷词：

"在天空的圆盘中，

日月如灯照耀；

星河如珍珠般闪烁

微风如香雾，和风像蒲扇，

所有的树木都开满鲜花。

哦，世界的救主，你的阿拉蒂真是如梦似幻！

鼓声响亮，

然而没有人正击打着它！

我的灵魂一直在喘息着，渴望着哈里莲足的蜜；

请将你的慈悲之水赐给拿纳克[①]的查塔克鸟[②]，这样我就可以寓居于你的名下。"

在阿拉蒂仪式快要结束时，一种叫卡达博格的甜肉食被分给了在场所有人。就这样，对神明的崇拜在这圣殿里从早到晚持续了二十一个小时；晚上最后三个小时祈祷暂歇，以留出时间打扫圣殿。在梵

---

① 拿纳克，生活在14—15世纪的宗教、圣贤，被认为是锡克教的创始人。
② 查塔克鸟，传说是一种只喝雨水的鸟。

社，我们每周只有两个小时的祈祷；在哈里的锡克教寺庙里，则是昼夜不断地崇拜。如果有人感到不安和痛苦，他甚至可以在晚上去那里祈祷，寻求平静。梵修士们应该效仿这个好例子。

锡克教徒现在没有供奉被尊为上师或是精神感知者的人。他们的书籍占据了原本是那些大师的位置。他们的第十位也是最后一位上师是戈文达上师[①]。正是他打破了锡克教徒的种姓制度，并在他们中间引入了名为"Pahal（帕胡尔）"的入会仪式，并且延续至今。想成为锡克教徒的人必须首先执行 pahal。这种仪式是这样的：将糖倒入盛满水的容器中，然后用剑或刀搅拌，然后洒在那些即将成为锡克教徒的人身上。然后他们都喝了同一个杯子里的糖水。婆罗门、刹帝利和首陀罗，都就此成为不分种姓的锡克教徒。回教徒也可以成为锡克教徒。谁成为锡克教徒，谁就改姓辛格。这座锡克教徒的庙宇里没有神像，因为拿纳克曾说过："神明不能被放置在任何地方，没有人能制造他；他是自存的不朽者。"但令人奇怪的是，锡克教徒们在接受了拿纳克的这些崇高教义，并且像崇拜无形的梵一样崇拜湿婆之后，他们至今还没有在古鲁瓦拉境内建立一座湿婆神庙。同时，他们还信仰女神卡莉。任何人要遵守这个婆罗门誓言都不是一件容易的事——"我不会崇拜任何受造物，认为这造物是至高无上的神。"在洒红节期间，这座寺庙会举行一个盛大的节日庆典。锡克教徒在此期间允许自己喝点酒水庆祝。不过，他们喝酒但不吸烟；更不要说水烟或奇勒姆烟了，他们连碰都不会碰。

许多锡克教徒曾经来我的住处，而我也从他们那里学习到了古鲁

[①] 此处将 Guru 翻译为上师。

穆基语和他们的宗教教义。我在他们当中没有发现太多的宗教狂热。我遇到了一位热忱的锡克教徒，他向我问道："如果一个人在没有尝过不朽甘露的情况下哭泣而死，那会怎样？"我说："为神明哭泣和哀悼不会是徒劳的。"

我在阿姆利则的兰巴甘附近找到的住处条件不是很好。房屋破败，花园荒芜，树木倒得乱七八糟。但对我渴求新奇的眼睛和全新燃起的热情来说，一切都显得新鲜和美丽。当我在日出时走在花园里，当白色、黄色和红色的罂粟花落下露珠时，当草丛中的金银花为花园铺上一层镀金的刺绣地毯时，当天上的暖风将甜蜜的气息吹进花园时，当旁遮普歌曲的甜美回声从远处飘到花园里时——在我看来，这里仿佛一个古老的仙境。有时孔雀和云雀会从树林里出来，站在我的露台地板上；它们长长的杂色尾巴垂在地上，被阳光染上颜色。有时它们会从露台上跳下来，在花园里觅食。我那时会在手里拿些米，满心欢喜地跑过去喂它们吃，可它们马上吓得不知道飞到哪里去了，发出尖厉的叫声。有一天，有人警告我说："不要那样做，这些生物很邪恶。如果它们想要啄你，它们会冲着你的眼睛来。"在某个阴天，我看到孔雀翩翩起舞，双翅高举过头顶。多么美妙的景象！如果我能演奏七弦琴，我会马上合奏以及时赶上它们的舞蹈。我发现诗人说得很对，云一聚，孔雀就开始欢快地跳舞。这不仅仅是文人们的幻想。

法尔贡月过去了，如蜜般的柴特拉月就此来临。通往春天的大门畅通无阻，南风趁着这个机会，将刚开的橙花香气和杧果花的香气混合在一起，凝成一股柔和的芬芳使周围都活跃了起来。这是那位至高仁慈者的气息。在柴特拉月的最后一天，我看到精灵仙子们来到了我家附近、不为我所知的池塘；像天鹅一样在水中嬉戏，欢呼雀跃。就这样，时间流淌着，快速而愉快地流淌着。维莎卡月到来了。然后我开始感受到太阳的热度。我从原先住的二楼搬到一楼。但在很短的时间内，热浪也渗透到那里。我对房东说："我不能再待在这里了，天气越来越热了，我必须马上逃离。"他说："这栋房子有一个地下室，天气炎热时那里很舒服。"直到那时我才知道地下还有一个房间。他把我带到那里，那里有一个和顶上一楼一模一样的房间。空气和光线从一侧进入房间，内里很凉爽。但我不是太想住在里面。我不能像囚犯一样待在地下的房间里。我想要露天的、宽敞的房间。一个锡克教徒对我说："那就去西姆拉山——那是个很酷的地方。"我觉得这是个合我口味的好主意，我于印度历 1779 年① 维莎卡月 9 日前往西姆拉。

在三天的路程之后，我把班居尔甩在了身后，在维莎卡月的 12 日抵达考卡山谷。我看到山脉在我前方展延开来。它们绮丽迷人的身姿在我眼前一一展现。我愉悦地心想明天可以登上这些山脉，远离尘土，登上天国的第一阶。在这欢快的心情下我度过了这一夜，笑着睡去并脱去了旅程的疲惫。

---

① 公元 1857 年。

第三十三章

然而，在我于 16 日早上乘坐双轮车开始蜿蜒上山之前，维莎卡月已经过了一半。我爬得越高，我的思绪也越升越高。往上爬一段时间后，我发现车夫带着我往下走了。我还想要越爬越高。可为什么那些人要让我失望呢？我心里想着。小车把我带到了山谷间，然后把我放在河边。前面有一座高山，山脚下流着一条小溪。那时是中午。山脚下被烈日烧得灼热，我对此感到很不安。平原的炎热是可以忍受的，但这种山间炎热对我来说是难以忍受的。这里有一家小杂货店，出售干枯的印度玉米。在我看来，玉米一定是被这烈日烤焦了。我们在河边做饭和吃饭。越过溪流，我们开始步行攀登前面的山丘，到达较凉爽的地区。

我们在一个叫哈里布尔的地方过夜。第二天早上开始旅行，中午我们在树下吃了饭，晚上到达了西姆拉的集市。我的两轮车在集市上停了下来，店主们盯着我看。我从车上下来，开始看他们店里的东西。我的同伴基肖里纳特·查特吉则去寻找住处，在市集那里安排了住宿房间后，很快就来带我去了。就这样，又一年过去了。

我们在那里雇用了几名孟加拉人，他们中的许多人来见了我。佩里·莫洪·班纳吉每天都来问我的指示。他在那里的一家英文商店工作。有一天，他对我说："这里有一个非常漂亮的瀑布，我可以带你去，就看你是否愿意去。"我决定和他一起下山去看看。在走下山谷的过程中，我看到这下山路附近有人居住，周围散布着粮田。那里有奶牛和水牛在吃草，那里的妇女在打谷。看到这个我很惊讶。这是我第一次知道这里和我们国家一样有村庄和田野。就这样边走边环顾四周，我们到达了山谷的最低处。在这里我们停下双轮车，因为它没法再往前走了。现在我们拿着我们的登山杖，慢慢地来到岩石下的瀑布。这里的水从三百肘的高处落下，被瀑布底下的岩石遮挡，冲击产生大量的泡沫，化作水流急速向下冲去。我坐在一块石头上，看着这水流的嬉戏。我下山时的劳累使我出了一身汗，此时凉凉的水滴落在我的身上，我觉得一切都变暗了；慢慢地没了知觉地倒在了岩石上。不久之后，我清醒过来，睁开了眼睛。我看到我的朋友佩里·莫洪·班纳吉的脸色很苍白，他正非常痛苦地看着我，不知道该怎么办。我立刻想起了我们的处境，笑着让他振作起来。观赏了瀑布景观后，我回到了我的住处。

在那之后的星期天，我们中的一些人再次去那个瀑布野餐。我站在瀑布里面，水从三百肘的高度落到我的头上。我在那里站了五分钟，冰冷的水珠从每一个毛孔进入我的身体。然后我就出来了。但我觉得很好玩，又进去了。于是我在瀑布里洗澡。我们在山林里进行了最愉快的野餐，晚上回到了我们的住处。之前我的左眼就出了点问题，而野餐后的第二天早上我发现它又红又肿。之后我通过禁食治愈了我的眼病。贾什塔月3日，在摆脱了眼睛不适后，健康的活力让我身心都感到非常快乐。在空旷的房间里来回踱步，我想着我可以在这个西姆拉的房子里快乐地度过我的一生。这时，我看到一些人在我住处下方的马路上发疯了似的跑。见此,我问他们:"怎么了?为什么要跑成这样?"其中一个人没有回答,只对我挥挥手,就像说"快跑!快跑!"我问:"我为什么要跑?"但是没有人回答;所有人都只在担心自己的生命安全。

无法理解这里发生了什么,我转而去找皮亚里先生询问。我看到他用墙上的石膏在额头上做了一个大标记,把脖子上的圣线拉出来,戴在外套上。他的眼睛通红,脸色阴沉。他一见到我就说:"廓尔喀人崇拜婆罗门教。""怎么了?"我问道。他回答说:"廓尔喀士兵要来劫掠西姆拉。我已经决定去山谷下面躲着了。""那我也和你一起去。"我说。这让他拉长了一张脸。他的想法是一个人去山谷避难,如果我们俩一起去,那会让山上的人更加贪婪,把我们的生命置于危险之中。猜到了他脑子里在想什么,我转而说:"不了,我不去山谷下面了。"

我回到住处,发现门锁着。进不去,我开始在路上踱来踱去。不久,基肖里来了,说:"我把钱袋埋在火炉附近的地里,在上面堆了柴火,把廓尔喀仆人锁在房间里,廓尔喀人不会伤害廓尔喀人,你会没事的。""这都没关系,"我说,"但你拿什么来救自己的命?"他答道:"等廓尔喀人来了,我就钻到路边的这条沟里,这样没人会看到我。"我爬到高处看看廓尔喀人是否真的来了,但从那里什么也看不见。通知已经发出,说如果廓尔喀人来攻击西姆拉,将先会开枪警告所有人。不久后,我听到了沉重的枪声。然后,我开始在路上踱步,把自己的身家性命交给神明。夜幕降临,却无动静;我回到家,睡得很安详。早上醒来,我发现我还活着,而廓尔喀人并没有来攻击我们。出门时,我发现武装的廓尔喀人伫立在政府财政部和其他办公室里,以及街头各处。

第三十四章

在贾什塔月的第一天,消息传到西姆拉,由于英属印军的叛乱,德里和密鲁特发生了可怕的大屠杀。本月2日,总司令阿森将军在剃须洁面后,骑上一匹乡村小马,一路来到西姆拉。有一个廓尔喀团驻扎在西姆拉附近,途中将军命令他们的上尉解除武装。廓尔喀人是无辜的,与之前效力于英国人的印军没有任何关系。但大人物们以为穿黑衣的印军都是一体的,不假思索地下令解除廓尔喀人的武装。上尉命令廓尔喀人放下武器,他们以此认为自己受到了冒犯和侮辱。他们以为自己会先被解除武装,然后被大炮炸成碎片;一旦脑中有了这个想法,这些人立马在思想上和行动上团结一致,怕丢了性命。他们不服从上尉的指令,也没有放下枪。此外,他们捉住并绑架监禁了英国长官,并于3日前袭击西姆拉。

听到这个消息,西姆拉的孟加拉人开始带着他们的家人在恐惧和惊慌中逃窜。当地的穆斯林认为他们将重新获得霸权。一个高大白皙的、留着大胡子的伊拉尼人从某个地方来到我跟前,为了取悦我,他说:"他们过去逼着穆斯林人吃猪肉,印度人吃牛肉;我们现在看看外国人自己会有什么下场。"一个孟加拉人走过来对我说:"你在家里就会安然无恙,为什么还要在如此混乱的局面里来到这儿?我们以前从未见过这样规模的骚乱。"我说:"我孑然一人,无所畏惧。但是那些和家人一起在这里的人,我为他们担心。这些人陷入了很大的危险。"

这个地方的英国人为了保卫西姆拉,将他们的妇孺集中在高山上,并在周围设置了警卫。但是他们没有专注于武力平乱,而是沉迷于喝酒享乐、大喊大叫和互相吹嘘。救了西姆拉的是海伊勋爵,这是位头脑冷静、做事干练的地方专员。当枪声预示廓尔喀军队抵达西姆拉时,他抛下对个人安危的恐惧,毅然出现在这群叛乱士兵面前。那时士兵们就像一群没有领头人的野象。他用轻声慰藉的话语安抚他们,并许他们以极大的信任,让他们负责财政部和其他办公室。高官贵人们对此非常愤慨,并说:"海伊勋爵的行为太不明智,他将我们的生命、财产和荣誉置于叛逆敌人的摆布之下。并且,示敌以弱,使我们英国的名声染上污点。如果他把这个问题留给我们解决,我们就会把那些叛乱士兵都赶走。"

一个孟加拉人过来对我说:"先生,廓尔喀人虽然得到了他们所有渴求的权利,但他们并没有被安抚下来。他们在到处使唤着英国人。"我说:"他们没有领头人,他们是没有队长的士兵;让他们狂欢吧,他们很快就会冷静下来。"但是大人物们已经被吓得魂不附体了,他们在绝望中认定,既然廓尔喀人已经占领了西姆拉,逃亡是他们唯一的保命之道。为此,他们开始从西姆拉逃离。中午时分,我看到许多英国人在没有双轮车夫或船夫,或马,或任何形式的护送的情况下,惊恐地沿着山谷奔跑着。谁会在那里帮助或照顾其他人?所有人都只想着保全自己,无暇顾及他人。到了晚上,西姆拉已经很冷清了。那个充满人声的西姆拉现在变得静默了。宽阔的天空中只有乌鸦的叫声回荡。

既然西姆拉已经没有人了,我今天也不得不离去。即使廓尔喀人没有骚扰我们,山贼也可能会从山谷上来,抢走我们的一切。然而,此时在哪里能找到车夫?当然,即使找不到车夫,我也并没有害怕到一定要步行从西姆拉逃离。就在这时,一个黑黝黝的、红着眼睛的高个子男人走到我面前说:"你要苦力吗?"我说:"是的,我需要。""多少?""我要二十个。""很好,我会带来他们,你必须给我报酬。"说完他就走了。与此同时,我为自己搞到了一个小轿子。吃过晚饭,我怀着忐忑的心情躺下。午夜时分,我听到"开门,开门"的叫喊声,伴随着敲门声。他们大声喧哗。我的心开始快速跳动——一种巨大的恐惧抓住了我——也许廓尔喀人现在会夺走我的生命。我惊恐地打开门,看到那个黑黑的高个子带着二十个苦力来了,正在喊我们过来。我顿时摆脱了对身家性命的所有焦虑。他们整晚都睡在我的房间里作为我的警卫。神明对我的慈悲是显而易见的。

天亮了,我准备离开西姆拉。苦力说除非他们提前拿到钱,否则他们不会跟去。为了付钱给他们,我开始喊:"基肖里纳特,基肖里纳特你在哪?"但是基肖里纳特跑哪去了?日常开支的零钱都在他身上,而我随身只带着一个装满钱的盒子。我原以为我无须向苦力展示这么多钱。但是没有基肖里纳特,苦力拿不到钱也不会动身。所以我在那里打开盒子,给了每个苦力3卢比,给了头头5卢比。就在这个时候,基肖里纳特出现了。"你在这么危险的时候跑到哪里去了?"我问道。他说:"我做衣服而裁缝向我要价4安那[①],这要价实在太高

[①] 安那即 anna,印度早先的货币计量单位,约等于 1 卢比的十六分之一。

了,所以花了很长时间才和他谈好。"

我上了那顶轿子,出发前往另一座名为达格沙希的山丘。走了一整天。晚上,苦力把我放在一个瀑布附近,他们一边喝水,一边谈笑。他们的话我一个字都听不懂,我想他们也许是在密谋要杀我,拿走所有的钱。如果他们从这片孤寂的森林中把我的尸体扔进山谷里,没人会知道。然而,事实证明这只是出于我个人幻想的一场虚惊。喝完水恢复体力后,他们半夜把我放在集市上;过了一夜之后,我又继续启程。一些零散的银币和铜币从我的口袋里掉出来,散落在轿子底,苦力捡起来拿给我。此举让我对他们信任倍增。

中午时分,我到达了达格沙希。他们把我放在一间铺着瓷砖的小屋旁,然后便离开了。晚上,基肖里纳特来到了我的落脚处。我这里有一个破败的房间可以待着,还有一个绳索吊床可以躺下。在这儿我度过了一夜。然后在早上,我起身前往山顶。在那里,我发现英国士兵在四周摆满了空酒盒,以此构筑了一个圆形堡垒。一面旗帜在堡垒上方飘扬,一个士兵持剑站在下面。我悄悄地越过那堵墙,走进堡垒,有些害怕地走到士兵面前,心里想着他会不会拔剑攻击我。但他见到我,很伤心地问道:"是廓尔喀人来了吗?""不,他们还没有来。"我回答说。从堡垒里走出来,我发现了一个小山洞,在里面的阴凉处坐了一会儿。晚上我来到山脚下,睡在我的房间里。那天晚上下了点小雨,房顶根本没有遮蔽物,水从破屋顶上不断落下来。

就这样,在我置身于森林里,过着流放般的生活时,日日夜夜过去了。两个孟加拉人,一位姓戈斯,另一位姓博斯,他们从喀布尔战争归来后,一直在这里的邮局工作。一日他们来看我。博斯说:"我在从喀布尔战争回来的路上逃过一劫,捡了一条命。在我逃难途中，我看到去喀布尔的路上有一所空房子，我把自己藏在一个阁楼的顶部。喀布尔人在外面发现了我，差点杀了我。我好不容易才活了下来，结果现在又来了新的麻烦！"只要我待在住处，戈斯就每天都来向我报信。一天我问："好吧，戈斯，今天有什么消息？""恐怕不是什么好消息，"他回答，"叛军们放火烧了些邮件。"第二天我问："今天又有什么消息，戈斯？"他说："今天消息不太好。叛军今天一定会从朱伦杜尔过来。"从来没有人从戈斯那里得到好消息。每天他都会拉长着一张脸来。我就这样度过了十一天，非常焦虑。然后消息传来，西姆拉平安无事，无须再有任何恐惧。

我开始为回西姆拉做准备。在招苦力时，我被告知没有苦力了。他们因害怕霍乱而撤离了。作为替代，我弄到了一匹马，骑上马下午就出发了。走了一小段路后，我在一个驿站住了一晚，第二天早上又继续骑马上路。基肖里纳特没有和我在一起。贾什塔月的太阳在光秃秃的山丘上异常灼热。我渴望有一点树荫，但周围没有一棵树可以庇护。我的喉咙干渴，但附近没有一个人可以替我牵一分钟马。这种状态一直持续到中午，这时我来到了一间平房边。我在附近系好马，进去休息。在此偶遇了一位逃亡中的女士。她对处在逆境中的我感同身受，给我送来了一些黄油、热土豆和一点水，这些大大缓解了我的饥饿和口渴，让我恢复了活力。晚上我到达了西姆拉。我站在门前喊道："基肖里纳特，你在里面吗？在吗？"基肖里纳特走过来打开了门。就这样，我在贾什塔月的18日从达格沙希返回西姆拉。

第三十五章

返回西姆拉后,我对基肖里纳特·查特吉说:"一周之内,我将前往北方更高的山脉。你必须陪我。为我订购一辆轿子,为你自己订一匹马。""好的,先生。"他回答道,然后着手进行必要的安排。贾什塔月 25 日是我们原定离开西姆拉的日期。那天早上我起得很早,准备启程。我的轿子在门口,帮忙的苦力都来了。"你的马在哪里?"我问基肖里。"马上就到,马上就到了。"他一边说着,一边焦急地望着大路。一个小时过去了,他的马却不见踪影。我再也无法忍受旅途中的这种延误和阻碍。我明白基肖里怕目的地天气太冷,不愿意和我一起往北走。我对他说:"你以为如果你不陪着我,我就无法一个人去旅行。那么现在我告诉你,我不需要你,你可以留在这里。把我的箱子和行李箱的钥匙给我。"我从他手中接过钥匙,坐在轿子中说:"抬起轿子,我们走。"轿子被抬起,苦力带着我的行李。一脸茫然的基肖里目瞪口呆地站在那里。我怀着喜悦和热情穿过集市,环顾四周,把西姆拉抛在了身后。

走了两个小时后,我们到了某个山头,我发现通往附近山脉的桥断了,向前已无路可走。车夫放下了扛着的轿子。我难道要就此折返吗?车夫说:"如果你能沿着断边走过桥,我们就可以带着空轿子走下山谷，在另一边追上你。"那时我心情激动似火，就鼓起勇气去完成这个提议。断桥很窄，边缘只有可以放一只脚的空间，而两边都没有支撑手的地方，下面是一个非常深的山谷，靠着神明的恩典，我安全地越过了。老话说得好，靠着神明的恩典，"瘸子都可以翻山越岭"，因此我旅行的决心没有受挫。在那之后，我开始一步步爬山。它像一堵墙一样笔直地升到了如此的高度，以至于从山峰上俯视下来，下面的山谷中的克鲁树（kelu，一种喜马拉雅地区的冷杉）也像小灌木一样。附近有一个村庄，从那里跑出来几只猛犬狂吠。我置身在陡峭的山坡前，在可怕的山谷之下，在威胁狂吠的疯狗之上！我怀着恐惧和惊惶走过了这条危险的道路。

中午过后，在到达一个空荡荡的旅行者平房后，我们今天止步于此休息。我没有食物。车夫说："我们的面食很甜美（要不要试试？）。"我拿了一个他们的蛋糕，是用印度玉米和燕麦做的。我这一天的饭菜就是这蛋糕的一部分，不过对我来说已经足够了：

"一块干面包，加盐还是不加盐，有什么关系？当你把你的头颅都献给了他，为何还要为此哭泣？"

过了一会儿，一些山上的人从村子里紧挨着向我走来，开始兴高采烈地跳来跳去，身体扭成各种姿势。我注意到其中一个村民没有鼻子，他的脸很平坦。"你的脸怎么了？"我问道。他说："一只熊打了我一巴掌，"并指着我前面的一条路，"熊从那边来了，当我去追它时，它用爪子把我的鼻子打掉了。"他跳得多么好，即使带着那张破烂的脸，他是多么高兴！我对这些山区人的朴素天性感到非常钦佩。

第二天早上我将要离开这个地方。下午我到了一个山顶上，并在此停留下来。很多村里的人走过来，围着我坐着。他们说："我们在这里的生活很艰难。下雪的时候，我们必须在齐膝深的雪地里跋涉；在收获的时候，野猪和熊会来破坏我们的庄稼。晚上我们踩在竹架上为我们的田地守夜。"他们的村子就坐落在那座小山的山谷里。他们对我说："到我们村来转转吧，在我们家里你会很舒服，在这里你会待得很不舒服。"但我没有选择在这么晚的时候去他们的村子。爬山路很费劲，所以，尽管我饱含热情，但还是被道路之艰难吓倒了。在他们所在的国家，妇女很少。和般度五子一样，所有的兄弟都共娶一个妻子，那个妻子的孩子们都统称他们为父亲。

那天晚上我住在山顶，早上就离开了。当日车夫行至中午，放下轿子说："路断了，不能再往前走了。"我该做什么呢？山路是陡峭的山坡，甚至没有人行道。路断了，远处只有一堆堆的岩石。但是，尽管道路很危险，我还是不能回去。我启程走上那条布满岩石的破路；一个男人从背后扶着我的腰。就这样跋涉了三个小时，终于来到了断路的尽头，在上面找到了一间平房。里面有一张沙发，我一到那里就躺了下来。车夫去村里给我端来一杯牛奶；但是过度劳累使我失去了食欲，我喝不下去。既然我已经靠在了沙发上，就在这上面躺了一夜，夜里一次都没起来。早上我感觉有点力气了，这时担当车夫的苦力带来了一杯牛奶，我喝了之后就离开了这个地方。那天我再往上走，就到达了那尔康达。这是一座极高的山峰，我发现它非常寒冷。

第二天早上，喝了点牛奶后，我开始步行。很快，我来到了一片森林，林间有一条小路穿过。一些残破的阳光穿透树叶落在小路上，增加了风景的美感。走着走着，我看到被连根拔起的大树倒在地上。许多幼树也被森林大火烧毁，并在其长成之前被摧毁。走了很长一段路后，我上了轿子，深入森林。登高望去，只见绿树成荫，上面既不开花也不结果。只有在一种叫克鲁的大树上，才能看到一种丑陋的绿色果实，连鸟都不吃它。但山坡上生长的各种草木非常漂亮，无数的鲜花在这里交相辉映。白、红、黄、蓝、金，五彩缤纷的花朵，吸引着四面八方的目光。这些花朵的优雅和美丽，以及它们脱尘的纯洁，似乎是神明最巧妙之手的印记。虽然这些不具备与它们的美丽同等的香气，但另一种花——一种白玫瑰，在荒野中成束地盛开，使整个林地都散发着芬芳。这些白玫瑰往往一朵只有四瓣花瓣。在某些地方，茉莉花也散发出香味。草莓的小果实随处可见，像一块块红色的石头一样闪闪发光。一个和我在一起的仆人给了我一根藤蔓的花枝。我以前从未见过如此美丽的开花藤蔓。我的眼睛圆睁，我的心变得开阔；我看到宇宙之母的手轻抚在那些白色的小花上。谁能在这片森林里闻到这些花的香味或看到它们的美丽？然而宇宙之母她以如此饱含爱意的关怀赋予它们甜美的香味和可爱的外表，用露水润湿它们，并将它们放在藤蔓身上！她的慈悲和柔情在我心里显现。主啊！当您对这些小花如此慈悲时，您对我们的慈悲达到了什么程度？

"您的慈爱将永远存在于我的心灵和灵魂中。

"您的慈悲深深地刺穿了我的灵魂，即使我失去了我的头颅，这份爱也永远不会离开我的内心。"

在路上，我一整天都在大声重复哈菲兹的这首诗，一直沉浸在他的慈悲的水流中。直到在太阳落山前不久的傍晚，我到达了一座名为松里的山峰。我不知道这一天是如何以及何时过去的。从这座高耸的山峰上望去，我被两座山脉相向而立的美景迷住了。其中一座山上有一片茂密的森林，是熊和其他野生动物的栖息地。另一座小山从上到下都是成熟麦田的金色。远处散落着由十到十二间小屋组成的村庄，它们聚集在一起，在阳光下闪闪发光。另外有一些山丘从头到脚都长满了短草。其他的山丘，由于它们的光秃秃，增强了树木繁茂的邻居的美感。每一座山都安详地矗立在自己的威严中，不惧怕任何人。但坐落于它怀里的旅人们却一直处于恐惧的状态，就像国王的仆人一样——一个错误的步骤意味着毁灭……太阳落山，黑暗逐渐席卷大地。我仍然独自坐在那座山峰上。从远处看，单单山上到处闪烁的灯光就证明了人类居住的迹象。

第二天早上，我开始步行从树木繁茂的山丘下山。下山容易，爬山难。在这座山上，只有克鲁树的森林。但它不应该被称为森林，因为它比花园更好。克鲁树笔直而高大，如同伸向天界一样。它的枝条一直伸到顶端，上面装饰着和木麻黄树相似的叶子，长得很茂密，但每一片都不过一根针那么大。枝叶茂密，张开如大鹏的翅膀。冬天里，它的枝条承受着大雪的重量，但叶子不但没有被雪冻伤褪色，反而变得更加生机勃勃，常年常青。这不是很好吗？神明的工作哪有不精彩的？从山脚到山顶，这些树木像士兵一样静静地排列着。任何人工打造的花园，有可能拥有如此壮观和美丽的景象吗？这些克鲁树没有花。它们是森林树木，它们结出的果实对人而言是非常劣等而无用的。但我们仍然从它们那里收获了很多好处，因为这些树能生产焦油。

走了一段距离后，我上了轿子。途中看到一个适合沐浴的瀑布，于是在它冰冷的水里沐浴，身体迸发出新鲜的活力，并通过敬拜梵净化了自己。一群山羊和奥比斯路过；我的车夫抓住一只奶山羊，把它带到我面前，说："我们可以从它身上弄到些奶。"我只取了一夸脱[①]

---

① 1夸脱等于0.946升。

左右的羊奶。在路边祈祷后，我惊讶于得到了我平时认为理所应当的羊奶，并在对至高神明善良赏赐的感激中喝了它。"愿我不要忘记，你是万物的给予者"，我这么对自己说道。然后我继续往前走。在树林的尽头，我来到了一个村庄，很高兴地发现小麦、燕麦和其他庄稼又成熟了。这里到处都有鸦片田。一块田地里，妇女们正在满足地收割成熟的庄稼，另一块田地里，农民们正在犁地，期待着未来的收成。因太阳的关系我又登上了车，将近中午时分到达了一座名叫博阿利的小山。这山远低于松里。这座山脚下是纳迦里河，在附近的其他山丘下，流淌着苏特莱伊河。从博阿利山顶上看，苏特莱伊河只有一码宽，在阳光的照射下像银叶子一样闪闪发光。在这条河的岸边，有一个叫罗摩普尔的小镇，这里因作为大公大人的首府而闻名，他是所有这些山丘的主人。这个大公大约25岁，懂一点英语。罗摩普尔所在的山丘在附近就可以看到，但要前往那里，必须经过许多向下的小径。苏特莱伊河从罗摩普尔那里一直穿过巴吉的拉纳大人的府邸索悉尼，然后下游通往比拉斯普尔，在这一段中它离开山脉并流经旁遮普省。

傍晚，我一个人走在这条河的岸边，被它的美景迷住了。此时我猛然间抬头一看，发现山上被火光照亮。随着黄昏将尽，夜幕降临，大火也开始蔓延。十万颗火花如火箭般疾速坠落，向下方的树木袭来，直抵河岸。渐渐地，每棵树都摆脱了自己的形态，融入了火焰之中，而那原先令人盲目的黑暗从火光之中逃离出来，远远遁去。当我凝视着这种奇妙的火焰之形时，我感受到了寄居在火中的神性的荣耀。在此之前，我曾在许多树林里看到过那些被森林大火烧焦的树木，也曾在夜里看到过远山燃烧中的火焰之美；但在这里，我很高兴亲眼看见一场森林大火的起始、蔓延、发展和渐熄。它燃烧了一整夜；每当我在夜里醒来时，都能看到它的光芒。早上起床，看到许多烧焦的树木还在冒烟。四处仍是吞噬一切的、贪婪的火，昏暗而疲惫地燃烧着，就像过了节日的狂欢夜晚后，第二天早上残存摇曳的灯光一般。

我去河里洗了个澡，用铜壶把水倒在头上洗漱。水是冰冷的，好像我脑袋里的大脑都因此凝结了。沐浴和祈祷结束后，我喝了一些牛奶，然后离开了这个地方。早上继续攀登，中午到达了一个叫可怖山口的高峰。此时我看到前面又是一个异常高的、白雪覆盖的山峰，它像隆起的霹雳一样抬起头来颂扬着神明的可惧威严。

在阿沙德月的第一天我到达了可怖山口，我看到云层中紧贴着前面的雪山，雪从云间飘落。即使对于西姆拉人来说，阿沙德月的降雪也是不寻常的，因为在柴特拉月结束之前，西姆拉的山丘已经剥去了白雪皑皑的帷幔，并且在维莎卡月已穿上了它们可爱的春装。在第二天，我从这座山下到另一座名为西拉汉的山上。这里有一座房子，属于来自罗摩普尔的拉纳大人，当罗摩普尔太过炎热时，他有时会来那里享受凉爽的微风。在炎热的天气里，山脚甚至比我们国家还要热，只有山顶上的空气终年凉爽。

我在阿沙德月的4日启程离开，同月13日，我靠着神明的恩典安全地回到了我在西姆拉的住处，敲响了紧闭的门。基肖里纳特打开门扉，站在我面前。"为什么你的脸变黑了？"我问。"在您离去的日子里，我没有留在这里。"他回答道。"当我不服从您的命令，无法陪伴您旅行时，我内心充满了悔恨和痛苦。我不忍再待在这里，所以我下山去了贾瓦拉姆基。在那里，我被贾瓦拉姆基之火和贾什塔月的太阳所熏烤着。这就是我带着这副脸庞回来的原因。这对我很有帮助。我播下种子，并因此自食其果。我做了应受责备的事，并且很大程度上冒犯了您。我不能再期待您的荣誉感允许我继续和你再同行了。"我笑着说："你不用害怕，我原谅你。你可以像以前一样留在我身边。"

他说："我走下山谷的时候，把一个仆人留在了住处，回来的时候发现他已经逃跑了。回来时门都关着，我打开门走进屋子，看到我们的衣服和箱子都还在。他什么都没带走。我三天前来过这里检查一番。"听到这个我吓了一跳。如果我提前三天到达，我应该感到很大的不便。想到在这二十天的登山中，神明使我摆脱了多少肉体上的危险，我的心对此充满了感激之情；他以崇高的教导，教会了我多少关于耐心和毅力、虔诚和超凡脱俗的知识；他以他愉快的陪伴，多少次净化和提升了我的灵魂。我恭恭敬敬地向他问好，走进去开始歌颂他。

第三十六章

喜马拉雅的雨季开始了，神明创造的水循环系统夜以继日地工作着。迄今为止，我总是看到山顶的云；现在我看到了从最低的山脚下升起的白色蒸汽云。起初看到此景我很惊讶。渐渐地，云层升起，笼罩到了小山的山顶；我仿佛在现实中看到了被云层包围的因陀罗王国，它正如古代先知所想象的那样。不一会儿，下雨了，云朵散去。之后它们很快又像棉绒一样从山上拔地而起，覆盖了一切。刚下过雨，太阳就又出来了。在色拉瓦那月的大雨中，也许两个星期都看不到太阳。然后一切都被云层包裹起来，仿佛万物中除了我自己之外别无他物，而我身边只有神明。这时我的心很容易与世隔绝，我的灵魂自然而然地收束起来，沉浸在至尊灵魂之中。在巴陀罗月，喜马拉雅山的朦胧深涧中水流声震耳欲聋，山泉丰沛，瀑布涌动，道路难行。在阿什温月，这里没有太多秋天的迹象。从卡提克月开始，人们开始感到在寒风中裸露身体实在是太冷了，在阿格拉哈扬月还没有过半的时候，我一天早上起床，高兴地看到小山丘从上到下被雪覆盖。群山之主则披上了银白色的外衣。（这一年里）我第一次倒吸一口冰冷的空气。

随着时间的推移，天气也越来越寒冷。有一天，我看到雪从乌云中飘落下来，就像轻薄的、梳理过的棉毛一样。我以前只见过冰，我以为冷冻的水汽会又重又硬，像石头一样，现在我发现它又薄又轻，像羊毛一样。抖一抖衣服，雪就掉下来了，衣服像之前一样干干的。在保夏月的一个早晨醒来时，我发现已经下了三四英尺厚的雪，所有的道路都被挡住了。苦力来了，穿过雪地清理出了一条小路，这之后才能通行。我没有因此放弃早晨散步，好奇心驱使我走在那白雪皑皑的路上。高昂的兴致和愉悦的心情使我走得那么远，那么轻快，以至于置身于冬天的雪中我开始感到热，我的内衣都被汗水弄湿了。这是我当时身体健康和力量的证明。每天早上，我都这样快乐地走很远的路，然后喝茶和牛奶。中午洗澡时，我会用双手将冰水倒在头上。有那么一秒钟，我心脏中的血液会停止循环，然后它会以加倍的速度继续涌动，并为我的身体注入更大的活力和能量。即使在保夏和玛格哈月的寒冷中，我也不允许在房里生火。我遵循这个规则，是为了亲自了解人体能承受多少寒冷，并培养忍耐和坚韧的习惯。晚上我常常把卧室的窗户开着；我确实非常喜欢那刺骨的夜风。我把自己裹在毯子里，坐在床上完全不理会其他一切，花了半个晚上背诵赞美诗和哈菲兹的诗句。保持清醒的是觉悟的圣人，不是享乐之人，也不是生病之人。"那认识梵，思索梵，饮梵甘露并喜爱梵的人——就是觉悟者"。

"那盏将黑夜变成白昼的灯，它藏在谁的仓室里？

它把我的生命烧成灰烬；我问，它给谁带来了快乐？"（哈菲兹诗句）

那些我感受到他亲密陪伴的夜晚，我欣喜若狂地大声重复：

"今天不要把灯带进我的谒见厅。今晚，我的朋友，满月在此闪耀。"（哈菲兹诗句）

我就这样愉快地度过了那些夜晚，而在白天仍然沉浸在深深的冥想中。每天到中午，我都僵硬地坐着，四肢交叉，全神贯注地思索和考证灵魂的第一原则。最后，我得出了这样一个结论，即根本无法在头脑中产生与第一原则相反的想法。这些原则不是任何人的个人思维方式。它们在任何时候都是普遍正确的。第一原则的真实性不依赖于其他任何东西；因为它们建立在精神意识之上，它们是不言而喻而自证的。依靠这些第一原则，奥义书中的古代圣贤说：

"这是至尊神的荣耀，宇宙之轮由他转动。"

一些思想家被无知所迷惑，说是自然法则——物质的盲目力量——使这个广阔的世界运转。或者其他人说世界运转是没有任何原因的，仅仅是时间的力量。但我要说——唯独那位至尊神的荣耀，仅由他可以转动这个宇宙之轮：

"整个世界都是从永生的生命而来的。它是靠着永生神的力量而存在的。

这位神圣的存在，宇宙的创造者，至高无上的灵魂，永远寄居在人们的心中。"

这些关于第一原则的无可辩驳的真理，早已从圣贤们的内心中流溢而出。

我们能看到和触摸到站在我们面前的树，但我们既看不到也摸不到它所在的空间。久而久之，树长出枝叶，开花结果；我们看到了这一切，却看不到贯穿一切的时间之线。我们看到了生命力的力量，它使树木能够从根部吸取汁液并滋养自己，这种力量在其叶子的每一根血管中运作着。但我们看不到那种力量。那个有意识的存在，树借由他的意志获得了这种生命力——他的存在贯穿整个树的生命，但我们却看不到他：

"这个秘密的至尊圣灵存在于所有的生物和所有的事物中；但他却没有被显露出来。"

感官只能感知外在的事物，它们无法感知内在的事物。这是感官的耻辱：

"自存的神明使感官面向外界；因此，人们只看到外在的事物，而不是内在的灵魂。

"有时候，一个渴望长生不老的智者，闭上眼睛，看到了一个灵性存在于万物之中。"

闻此戒，铭记于心，深思之，我得以看到了神。我在这喜马拉雅山，这梵圣地，不是用肉眼，而是用内在的眼，看到了神。这是奥义书教给我的。书中说："万物都笼罩在神明之中。"我将万物视作包含在神明之中。"现在我已经认识到这位超越黑暗、伟大的太阳色存在。"

"从今以后，我将用我的心向世界散发光芒；

因为我到达了太阳，黑暗已然逝去。"

第三十七章

玛格纳月的月末,正当我专心静修梵时,有位高人来见我,他两腕戴着金镯。"我是部长,巴吉拉纳的大臣,"他说道,"拉纳大人派我来邀请您,他想见见您。巴吉离这里不远,我会为您安排舒适的旅程。"我接受了他的邀请,确定了出发日期。大臣在约定的日子来接我。我们开始从西姆拉下到下面的山谷,他骑着马,我乘坐我的轿子。这向下的路仿佛是无止境的;我们越走越低,好像目的地就更远。当我们终于到达河岸时,我知道我们不必再往下走了。在这条苏特莱伊河的岸边,坐落着拉纳的首府索希尼。我们在傍晚时分到达了那里。

第二天一早,我进了宫殿。那里的人首先带我去了尊崇上师的住处。在我走到门口之前,尊崇上师苏克哈南德纳特来了,他张开双臂欢迎我,带我上楼并让我坐在他旁边。他就是我在德里遇到的苏克哈南达大师,他曾经和他的导师哈里哈拉南达·提尔塔大师一起住在拉莫汉·罗伊的花园里。他是信奉密续的梵崇拜者。他遵从大涅槃密续的阿德维塔戒律。听说我在西姆拉,他让拉纳给我发了邀请。他希望能在我的陪伴下度过愉快的时光,大吃大喝,并认为我们这些志同道合的人应该在快活和友谊的氛围下聚在一起。他不知道我没有碰酒,因为在我看来喝酒是不对的:

"不要劝酒,不要喝酒,一点酒也不要碰。"

他们的愉悦和高昂兴致因我无法加入他们的狂欢而有所抑制。他们对此感到非常失望和悲伤,并责成基肖里为我的食物单独安排。苏克哈南达对我写的关于《石氏奥义书》的梵文注释表示非常不满,并说它们与商羯罗的注释不一致,因此不值得被尊重。他向我展示了他对梵法书所做的印地语翻译,并要求我出版。我跟他告别时,他和我一起下楼,让我看看一楼的房间。一进门,我就看到前面墙上挂着一幅漂亮的印刷品,中间是用金色大字写的"Om tat sat(噢!他即是那唯一的真实!)"。苏克哈南达非常虔诚地走进这个房间。他还说:"我们在河边建了一座迦梨神庙,就像加尔各答的迦梨神庙一样(宏伟壮观)。"但我说我不能去参观。

然后我跟他道别,去见拉纳。宽敞的大厅里摆放着椅子,拉纳和他的朝臣们在里面迎接我。他让我坐在其中一把椅子上,其他人也坐在不同的椅子上。不久之后,拉杰库玛尔,就像那位战神库玛尔一样,来到了大厅。拉纳大人对我说:"库玛尔正在学习梵文;稍微测试一下他。"库玛尔说:"我已经学会了了梵文的全套语法。"我说:"告诉我,当使用变调(Sandhi)时,'ganga udakam'这个词会采取什么形式?""Gangodakam",他快速而响亮地回答。离开拉纳后,我回到了自己的房间,洗了澡,吃了早餐。

第二天早上,我一个人去苏特莱伊河岸散步。这里和克里希那加尔的贾兰吉河差不多宽阔;它的水像大海一样湛蓝、明亮、清澈。就像诗人瓦尔米基(Valmiki)所描绘的塔马斯尔河一样,"像善人的头脑一样清晰",是给这里的苏特莱伊河水的恰当比喻。我在水囊上过了河。木船在这条河里没有用,因为大石头嵌在河道里。水囊是唯一可能的渡河方式。到达对岸时，我发现这一边的水和蒙吉尔的西塔昆达那里的一样热。随着河流在雨中上涨和变宽，雨水占据了炎热河水原先的位置。然而尤其奇怪的是，那热河水也顺势而行，在岸边一直保留有一道炎热的河水，向前不断流淌。我看到很多病人都去那里洗澡。他们说它可以治愈多种疾病。

这片山区的领主首先是大公（raja），接下来是拉纳（lana），再然后是塔库尔（thakur），最后是地主（zemindar）。在这里，地主是土地的耕种者。印度斯坦的地主也处于同样的艰难境地下。在山上，大公和拉纳拥有更多的权力，是他们统治着耕种者。在他们这些贵族结婚的时候，新娘和女伴一起被嫁娶。拉尼夫人所生的儿子成为大公或拉纳，而女伴所生的人则生活在大公的家庭中，并终生受到家庭供养。同伴所生的女儿被称为大公女儿的女伴，必须将自己的生命和青春赐予公主（大公女儿）的丈夫。这是多么可耻的事！大公和拉纳有很多拉尼，因此也有很多（拉尼的）女伴。当一个丈夫死后，她们都像囚犯一样被关起来，一生都在哭泣。她们没有解脱的方法。

我在那里待了一个星期。然后我告别了拉纳和尊崇上师，开始向山上走回西姆拉。在进入森林的路上，我看到了拉杰库玛尔，戴着珠宝耳环、钻石项链、珍珠串，穿着漂亮的衣服，他正从树林里的某处到另一个地方打猎。在阳光的照耀下，他年轻的脸庞容光焕发，显得十分迷人。在我看来，他就像一个森林之神。前一刻我看到了他，下一刻他就跳进了树林里，时而近，时而远，时而往下，时而又往山上跑。我好不容易爬上狭窄的人行道，安全抵达西姆拉。即使在3月那个月份，我发现在上面的道路上也有雪。树木和植物都已枯萎无汁，它们的枝条在风中嘎嘎作响，就像空心的竹笋。

随着4月的结束，整片土地绽放出美丽的花园。又一次地，我看到了新一年的新气象。我在去年5月开始租住的同一个房间里度过了一年。现在我离开了市集中的居所，在山顶一个美丽而安静的地方租了一间平房，我非常喜欢这间房。在那山顶上只有一棵树，它成了陪伴我孤寂生活的朋友。5月中的每天午饭后，我往往在都是空房子的花园里闲逛。我的孟加拉同胞将会如何理解，我在5月正午的阳光下穿着羊毛大衣走来走去的景象？有时，我会花半天时间，坐在一座孤山附近的石板上沉思。

有一天，我在闲逛时遇到了一条穿过葱郁山丘的小路，并立即决定顺着一时的冲动，沿着那条路继续走。这时已经是下午四点了。我太忙于走路了，我不停地走着走着。一个脚步紧接着另一个，但我没有意识到这一点。我要去哪里，我走了多远，我应该走多远——我都没有计算过。过了许久，我看到了一个路人，他向我的相反方向走去。这打断了我的冥想过程，使我恢复了意识。然后我发现已经是傍晚，太阳已经落山了。难道我不能原路折返吗？我转身快步往回走，但夜色也很快降临在我身上。山丘、森林、林间空地，全都笼罩在黑暗之中。天空高悬的半圆月亮就像黑暗中的一盏明灯，陪伴着我的旅程。任何方向都听不到任何声音，除了我的脚步在路上干枯的树叶上"噼啪"作响。一种庄严感在我的胸中升起，同时也伴随着恐惧。我怀着激动的心情，在那片森林中看到了神明的眼睛。他无眠无息的目光一直盯着我。那双眼睛是我在这条艰难道路上的向导。由于我在面对一路上许多可怕的事情时无所畏惧，我得以在晚上八点之前回到家。神的这种目光，已经在我心中留下不可磨灭的印记。每当我陷入困境时，我都会看到他的那双眼睛。

第三十八章

　　七八月的云彩和闪电再次开始向人们展示它们的壮美，与此同时，连续的阵雨在山上敲打着。在永恒者的旨意下，周、月、季、年在它们既定的轨道上轮转；没有什么能抗拒他的统治。那时我常在石窟中徜徉，欣赏江河瀑布的多姿多彩。在雨中，这些强大的洪流携带着巨大的石块。没有什么能阻挡它们一往无前的道路；它们会强行撞开任何挡路之物。

　　9月的一天，我走下山谷，站在一座桥梁上，惊奇地看到它不屈不挠的力量和玩闹般的漩涡。哦！这里的河流是多么的纯净和洁白。它的水是多么自然清澈和凉爽。那它为什么要往下游冲去，毁掉自己的这种纯洁呢？它越往下走，它就越会被土壤中的污垢和秽物玷污、弄脏。那么为什么它会朝着那个方向一头扎进去呢？但它又有什么力量使自己静止？河流受那统御者的命令，虽然沾染了大地的泥土，仍必须深藏骄傲、姿态谦卑，走那往低处的道路，才能使土地肥沃，让土地长出五谷。

　　我正在这样沉思着，突然我听到了精神向导的庄严诫命："放弃你的骄傲，像这条河流一样卑微。你所获得的真理，你在这里学到的虔诚和信任；去吧，让它们为世人所知。"我吓了一跳！我必须从喜马拉雅山的这片圣地返回俗世吗？我从来没有想过这一点。历尽千辛万苦，脱离世俗，我是不是又要回归世俗，与世人合一？我的思绪不断坠落。我想起了这个人间世界，想起了我应该回到的家。我的耳朵恐怕会被俗世的噪声震聋。这个念头让我心灰意冷，我带着沮丧的心情回到了自己的房间。

夜色将近，我却无法放声歌唱。我怀着忐忑的心情躺下，睡不好觉。我趁天还黑的时候起身，发现我的心在颤抖，在剧烈地跳动。我以前从未有过这样的感觉，害怕这是病入膏肓的前兆。我想散散步也许有好处，就出去了。走了许久，天一亮就回家了，我的心跳还是没有停。然后我打电话给基肖里说："基肖里！我不会再待在西姆拉了；去叫一辆轿子。"说着这些话的同时，我发现我的心悸消退了。这就是我所需要的药吗？一整天，我一直在为回家做必要的安排和准备；这让我松了一口气。心悸停止了，我感觉很好。

我应该回家，这是神明的命令；难道人的意志还能违抗它吗？只要对这个命令有丝毫的异议，一个人的肉体就会本能地反抗——这就是它的法令。就像那句话说的，"内在的命令就是一切；外在的命令什么都不是"。我可以再留在西姆拉吗？之后我的感官对我说："这两年间你给我们带来了多大的麻烦。尽管我们不断恳求和祈祷，你却甚至没有满足我们任何一个无害的冲动；现在我们变得软弱了，不能再为你服务了。"无论我的体质是弱还是强，都已无关紧要。我怎么能继续留在西姆拉？它的旨意就是我的法律。我将自己的旨意与它的旨意协调一致，准备回家。肉体的力量启发了我的思想。路上依然险阻重重，各地还潜伏着叛军，但我没有屈服于这些恐惧。就像汹涌澎湃的河水不顾坚石阻拦，肆意冲击着一样，我也丝毫不理会任何阻碍。

在卡提克月的第一天，维加亚日①，即亮月②的第十天，我的轿子、向导和马都准备好了，齐聚在西姆拉集市的大道上。我的乡亲和朋友们非常悲伤地聚集在我身边向我告别。与大家告别后，我进入我的轿子并启程出发。在维加亚日，我离开了西姆拉。下山很容易，很快就到了山脚下的考卡。一夜过去，早上我看到了美丽的日出，这让我的心欢欣鼓舞。离开考卡我来到班居尔。在这里，我发现花园里有了不得的景象。数百个喷泉在嬉戏：它们似乎获得了新的生命，欢快地喷出水来，不断的水花仿佛模仿着下雨一般。我以前从未见过如此美丽的喷泉。

从那以后我去了乌姆巴拉，雇了一个推车日夜在其中穿行。夜幕降临，秋季的满月在天空中绽放，凉爽的微风吹过开阔的田野。向马车外望去，只见骑手在旁骑着马跟随。因为怕民众造反，政府已下令让骑手在夜间陪伴马车，以确保乘客的安全。由此，我猜到了路上的危险，心里颇为不安。中午时分，马车停在坎普尔附近的一个地方换马，只见那里的田野里搭了许多帐篷，人潮涌动，一个搭好的集市也准备开张。我派基肖里去拿些食物，他给我弄了点水牛牛奶。"这是什么集市？"我问。他回答说："他们正在押运被俘虏了的德里领主，因此有了这个集市。"在去西姆拉的路上，我看到领主快乐地在珺纳河沙滩上放风筝，在回来的路上，我发现他成了俘虏，被带进了监狱。谁能说清楚在这无常的悲哀世界中，任何一个人的命运会怎样流转？

---

① Vijaya，杜尔迦法会的最后一天。
② 印度历法将每个月分为两个半月（paksha），其中月盈期通常被认为是上半月，即"亮月"，另一半为"暗月"。

从西姆拉经过漫长而危险的旅程后，我到达了坎普尔，这里开通了铁路干线。一大早起来，端了杯茶，我就匆匆赶往车站。基肖里从车站那跑回来说："买不到票。德里的伤兵要上今天的火车，所以没有给其他人的座位了。"我自己去车站查询。一位孟加拉站长看到我，惊呼道："哦，是您吗？来来来，停下火车。我还以为是别人要上车呢。"他说道："我会给你一张车票，我有权停车让你进去。我是你们塔瓦菩提尼文法学校的老学生。你经常在测验时给我奖励。我的名字是迪南纳特。"

他给了我一张票。我和军官们上了头等车厢，离开了坎普尔。三点钟我们到达阿拉哈巴德。那时阿拉巴哈德的车站还没有建好。我们的火车停在路上的某个地方，然后我们从那里下来步行。走了六英里后，我们到达了阿拉哈巴德的旅行者招待所，那里已经人满为患，没有给我住的空间。我随身带了一把椅子；于是我坐在树下，把东西放在旁边。基肖里从招待所那里给我带来了一罐水。我对他说："去阿拉哈巴德市区为我订一下房间，然后来接我；在我搬进住处之前，我不会碰任何东西。"基肖里走了，不久之后一辆马车驶来。两个把衣服围拢到脖子的人从上面下来，对我说："我们的房子在堡垒附近。如果先生您愿意在那里停留住宿，我们将深感荣幸；我们现在正在为我们的父亲服丧哀悼。"我同他们到了家。他们家里供奉了一尊神像，晚上我们一起吃了供奉给这位神明的食物，主要是豆子和未发酵的面包。那时我感到非常饿，觉得这些食物非常棒。我吃得津津有味，并且希望能多吃点；但没有人想着要给我加一点！吃完这神圣的食物后，那天我在那里休息。

第三十九章

　　第二天，我看到政府在阿拉哈巴德的街道上张贴了一张旅客须知，上面写着："政府不对那些想去更东边地方人的生命负责。"这个通知让我心里很忐忑。我听说库玛尔·辛还在蒂那坡战斗。如果陆路旅行充满危险，乘船旅行会安全吗？我想确认这一点。就这样想着我去恒河边散步。从那以后，我看到一艘即将启动的汽船冒出浓烟。我跑上船，问船长要去哪里。他说："一艘轮船在中游不远处的沙滩上卡住了，这艘轮船现在要把它拖走，等返回这里，修整三天后将开往加尔各答。"然后我向船长表达自己想要租用船上一间船舱，与他们同行。"这艘轮船是政府租用的，用来运送伤病士兵到加尔各答，"他说，"这里不能容纳乘客。但如果你能得到准将的命令，我可以带你去。"

　　听了他的话，经过多方搜寻，我找到并出现在了在准将的办公室里，这是一间大平房。准将当时正忙着其他事情，他让我第二天早上来。我不知道早上是指清晨还是凌晨，所以一大早我就出现在他家门口。我一直等到下午，他把我叫到他的办公室。我提出了请求，他回答说："士兵将乘坐这艘轮船，只有他们的家人才能与他们同住。"我说："既然政府警告旅客不要陆路旅行，现在我有机会和其他人一起安全地乘船离开，你为什么不让我走？"准将认为我可能是造反派其中之一。听到我的话，他质问我是谁。我告诉他我认识海伊勋爵和西姆拉的其他人，并更全面地介绍了自己。然后他给轮船的船长写了一封信，要求他给我一个船舱。轮船此时已经回来了，准备开往加尔各答。我把准将的信给了船长。但现在他说："这封信有什么用？船上没有一间空舱，我怎么给你？"对此，我回答道："如果没有空船舱了，我就去甲板上待着；收下船舱的钱，让我去甲板上吧。"

听到我们的争论，悬挂在轮船上的小货船的船长走上前说："轮船上没有舱室，但我愿意让出货船上我自己的船舱。""好吧，"我说，"我付钱给你，你把你的房间给我。""去拿你的行李吧，与此同时，我会为你整理干净小屋。"他回答说。我对这个提议感到高兴，赶紧回到住处，把我所有的东西都带来了。我的老朋友尼卡马尔·米特拉给了我一篮子糖果，让我非常受用。

轮船很快就开往加尔各答，但在到达贝拿勒斯时遇到了阻碍。船长收到一封电报，说第二艘轮船要来接这艘货船，而这艘轮船必须回去再接另一艘货船。船长接到这封电报，心里很不爽，一直说："我想要放弃为政府服务了，不知道他们接下来会下什么命令。这样过来后还得回去——这太离谱了。"轮船船长急于回到加尔各答的家，而且如果轮船放下货船掉头驶离，船上的女士们先生们也得回去。于是大家凑在一起研究，并共同认定了这份电报中没有任何内容迫使他们把货船留在某个特定的地方。（电报只是要求）当他们遇到即将到来的轮船时，本船要将货船交给它并返回出发地。也许，本船可以在遇到另一艘来接应的轮船前就先到达加尔各答。船长同意了这个提议，向加尔各答进发。

在船上时，我在报纸上看到了我最年幼的弟弟纳根德拉纳特去世的消息。听到这个悲伤的消息，我心烦意乱，心不在焉地离开甲板，走进我的船舱去取东西。当我匆匆离开船舱时，我一脚踏空。还好我没再往前走一步，而是立刻向后一靠，跌进了船舱。水手们惊慌失措地跑了上来，看到我的一条腿悬在货舱上，剩下的身体躺在船舱中。他们说："你没看到我们为了拉行李，把船舱前面的木板拿起来了吗？"不，我没有注意到，我还以为这段路像往常一样。如果我再往前迈出一步，我就会整个人掉进五十肘深的货舱里，把我的头砸得粉碎。那天我保住了一条命。但：

"盗取世界的强盗永不睡觉，不要认为自己远离他。

如果他今天不偷，明天他就会来。"

在靠近罗摩普尔-波利亚时，我们看到一艘轮船拖着烟云驶来。这时船长停下了我们的轮船，接近的轮船也停了下来，两艘船都在这里抛下了锚。船上的男男女女一眼望去，这艘来船很小，船舱很少，不能容纳他们所有人。或许男人们可以设法在甲板上安顿下来，但是女士们怎么办呢？船长去见货船上的军医和其他人，并要求他们放弃自己的船舱。军医是个直言不讳的人，他说："我多次放弃我的舱室来取悦女士们，但我的痛苦忍让从来没有得到过一句'谢谢'。"男乘客们都没有同意把他们的小屋让给女士们，最后船长来恳求我说："女士们没有地方了；如果您愿意放弃您的舱室，她们会非常感激的。"我非常高兴地这样做了。船长听了很高兴，说："英国绅士们拒绝让位给女士们，尽管女士们是他们自己的英国同胞；然而，您却愿意为她们这么做，真是太慷慨了。我们都非常感谢您。"我没有因为放弃我的客舱而感到不便，因为船长和其他人为我在甲板上安排好了舒适的落脚处。晚上我在露天甲板上睡得很舒服。为了告诉家人们我要回来了,我提前让基肖里坐小船回家,因为我需要花些时间在罗摩普尔换乘轮船和做其他安排。

第二天我们在此启程出发,并最终在印度历 1780 年(公元 1858 年)阿格拉哈杨月的 1 日,安全地抵达了加尔各答。那年我 41 岁。

我一辈子都不会忘记您的慈悲;日日夜夜,它会一直缠绕在我的心中。

"向您问好,无上的梵,向您问好!

向您致敬,梵!"

附录 B

——节选自马哈希·德温德拉纳特·泰戈尔的遗书

【这篇临终遗言,可以说是来自受福之逝者的声音。这篇遗言也是这位收到了造物主最迫切召唤的人,写给在这个世界上他所爱着的人们的最后祝福。

——来自莫西尼·莫汉·查特吉的前言,1889年1月1日】

我最亲爱的弟兄姐妹们,

愿你们能团结一致;同言同德;将彼此的心联结在一起。

就像古老的神明一心一意地接受了每个人献上的供奉,你们也要一心一意!

愿你们的努力最终以和谐美好收场,希望你们的思想与心灵协调愉悦。

愿你们之中永远充满了美好的和平。

愿你们同心同言。

我刚刚用吠陀的话语,表达了这一充满着爱的祝福与祈祷;在面对这个世界的喧嚣与动荡时,你们要把它牢记心间。如果你们能秉持此道直到终点,那么你们都会是最终收益颇丰的人。这即是团结之道。如果你遵从此道，所有烦扰都会离你而去，而和平将会胜利，梵宗教将会得胜。

梵宗教是一种灵魂宗教。其本源真理是——通过灵魂你们将得以了知那至尊圣灵。如若神明在灵魂中能被看到，那么，之后也可以在任何地方见到他。作为万物根源、宇宙唯一主宰的神明，他最亲近的居所就是人类的灵魂。如果你们不了解灵魂，那万事都是虚空。灵魂是神明知识的来源。

此身寄居着灵魂，而灵魂里那灵性意识的纯净光辉之中，就可见到纯洁无瑕、无体无形的至尊圣灵。当意识与肉身退去，脱离外界事物的时候，当心平气和、无悲无喜、心满意足的时候，就可以感念到至尊圣灵。这是灵性的联结。当你们带着爱意浸没在这灵性联结中时，你们会从所有罪恶中摆脱出来，踏上救赎之路。在死亡之后，肉身会被留在此世；但，融于联结中的灵魂，会与至尊精神一起永存。

就像为了身体的健康，你们会日常规律地饮食，为了灵魂的健康，你们必须每天敬拜神明。对神明的敬拜就是灵魂的食粮。

"奉爱神明，在他的注视下做他所喜爱的事业，这就是对他的敬拜。"那超越了时空，却同时在时空中无所不在的梵，是一切的见证者。真理、智慧和无限——要了解到他是灵魂的统治者、心灵的主宰，每天以热爱崇拜他；并且，要在他的注视下，为了世界的福祉，忙于正义的事业以取悦他。永远也不要分裂神明崇拜的这不可分割的两支。

只做促进人间福祉的事。不要对作恶的人作恶。若有人行不义，不应以不义为报复，永远保持浩然正气。邪恶应该被善战胜，不义应该被正义战胜。

不要与任何人争斗。学会抑制愤怒，还要使内心充满爱和慈悲，要对所有人都表现得公正。让爱成为你们对待他人的行为准则。

日夜自省，管理好自己，接受正义作为存在的目的。能克制自己的心和感官的人，就没有悲伤和痛苦的理由。对于无法克制自己的人来说，痛苦无处不在。

追求人类福祉的人必须像看待自己一样看待他人。你们应该爱你们的邻居，因为你们喜欢被他爱；并避免因仇恨而使他人痛苦，因为被他人憎恨会使你们痛苦。因此，在所有事情上，你们都应该通过与自己比较来对待他人；因为就像快乐和痛苦影响着你们一样，它们也影响着所有的生物。只有这样的行为才是获得幸福的手段。

敬拜神且爱世人的人，就是圣人。这样的人从不喜欢找人挑毛病，因为人是他所爱的。看到别人的过失他会感到痛苦，他会满怀爱心地努力纠正错误。他把人作为人来关爱；并且由于这种爱，他看到人的善会高兴，看到人的邪恶会悲伤。因此，他无法以喜乐来宣扬他人的过错。

内心的满足，或者换句话说，良心，是行义带来的不朽果实。在这种良心的认可中感受到神明的认可。如果内心得到满足，所有的痛苦都会停止。没有做正确的事，内心就永远不会满足。心灵可能会在世俗的享受中找到快乐，但如果良心有病，那么即使是世俗的极乐也变得毫无价值。因此，通过行义，你们要保持无愧的良心，你们要放弃一切可能损害精神满足的事物。

你们应当竭尽全力寻求实践正义。如果你们尽了全力，却没有达到目的，你们仍将获得功德。神不计算他无限工作的哪一部分是由个人完成的。让每个人毫无保留地使用赋予他的权力；这是神明的旨意。

你们要弃绝罪恶的思想、罪恶的言语和罪恶的行为。那些在思想、言语、行为或判断上不犯罪的人——这样才是真正的圣徒，是真正在实行苦修；而不是那些折磨肉体的所谓苦行人。因此，远离罪恶，从事善行。在正义的道路上坚持不懈，你们的生活将因此无忧。

如果你们在正义的道路上坚持不懈，却被完全挫败，那么即使如此，你们也不应转而去考虑不义的手段。用你们的生命保护（梵）正法，正法会保护你们。

在我们驻足的来世，没有此世的父亲或母亲，也没有妻子或孩子，也没有朋友或亲戚。唯有正义存在。一个人独自出生，独自死去，独自享受善行的善果，独自承受恶行的恶果。朋友们，把你们的身体像货物或石头一样留在这俗世上，转身离开它们；公义将随一个人的灵魂到任何地方。因此，你们逐步向前，追寻正义，这才是你们应有的栖身之所。宗教是我们在这个世界上的朋友，而宗教也是下一个世界的指南；宗教是所有的生物的蜜糖。

"不靠财富，不靠生儿育女，不靠行为，唯独通过弃绝隐修，才能获得不朽。"弃绝隐修不是通过成为隐士、住在旷野而背弃世俗。而是居于家中，居于世间，除尽心中欲望。当人心中一切欲都除尽了，凡人也能永恒，人间也得以见到神明。

你们要尽最大努力珍惜你的妻子、孩子和亲人；但是，你们自己要弃绝欲望，不执着于你们行为的结果，然后才能踏上救赎之路。神明自己的慈爱提供了最完美的榜样。看看他是多么关注世界的福利。他从不忘记给一条虫子或昆虫喂食。即使在干旱的山区，他也为活物供应营养。然而，他没有为自己保留任何东西。他总是给予所有人，从不接受什么。照着这个榜样，你们也将忘记自己，发誓为世界的福祉而努力。与神明相联结，你们将履行生命的职责。你们要知道，他所命令的事必须用生命去服从。你们要知道，违背他旨意的事要像毒药一样避而远之。如果你们如此忘我，做他的工作，那么他一定不会忘记你们。你的所有需要，他都会实现的。无论他给你什么，都要怀着感恩的心接受它。无论他把你放在什么境况下，都心满意足地接受。在繁荣的季节，顺从他而生活；在患难的时候，投靠他的庇护，你们就不会迷惑；在行动的时候，以他的意志行动；在休憩的时候，在他的胸怀里安息。这身躯将在此世腐朽散去，但你们的灵魂将与他联合。即使死亡也不会将你们的联结分离。

受福的灵魂，能自我节制，从罪恶和不洁中解脱，就像月亮从日食的阴影中解脱出来，摆脱肉体的骄傲，最终安息在至高无上的圣灵中。那个灵魂不会被疾病击垮，不会惧怕死亡。它从此世看到神明的居所，无限进步之门向它敞开，在它面前，亿万天堂境界闪耀着光芒。一边是波涛汹涌的无常俗世，另一边是神明的和平居所：在中间，神明本人就像一座桥梁，同时支撑起了两者。无论白天黑夜，无论是死亡、疾病、悲伤、善恶，都无法跨过这座桥。各种罪恶在它面前都只能撤退。罪恶在梵的无罪住所中没有任何力量。解脱的灵魂，将世间的罪孽和悲伤抛在身后，到达梵的居所，超越了这个俗世。在那里，盲人不再是盲人；罪人从罪业中解脱；受磨难者从悲苦中解脱。甚至黑夜也变成了白昼，因为梵居所永远光明灿烂，那种辉煌没有尽头。

遵循梵法的宝贵教导，我在此献上我的遗言。愿你们在生活中实现它并获得永恒的救赎——这是我的祈祷！

哦！和平！和平！和平！

风仪与秋月——德温德拉纳特自述
FENGYI YU QIUYUE——DEWENDELANATE ZISHU

图书在版编目（CIP）数据

风仪与秋月：德温德拉纳特自述 /（印）马哈希·德温德拉纳特·泰戈尔著；潘敬一译. -- 桂林：广西师范大学出版社，2024.10. --（梵澄译丛 / 闻中主编）.
ISBN 978-7-5598-7356-9

Ⅰ. K833.515.1

中国国家版本馆 CIP 数据核字第 20248X4U63 号

广西师范大学出版社出版发行

广西桂林市五里店路9号　　邮政编码：541004

网址：http://www.bbtpress.com

出版人：黄轩庄

全国新华书店经销

湛江南华印务有限公司印刷

广东省湛江市霞山区绿塘路61号　邮政编码：524002

开本：710 mm × 960 mm　1/16

印张：14.5　　　　　　字数：160 千

2024 年 10 月第 1 版　2024 年 10 月第 1 次印刷

印数：0 001~5 000 册　定价：56.00 元

如发现印装质量问题，影响阅读，请与出版社发行部门联系调换。